LA

BATAILLE DE MURET

ET LA

TACTIQUE DE LA CAVALERIE

AU XIIIᵉ SIÈCLE

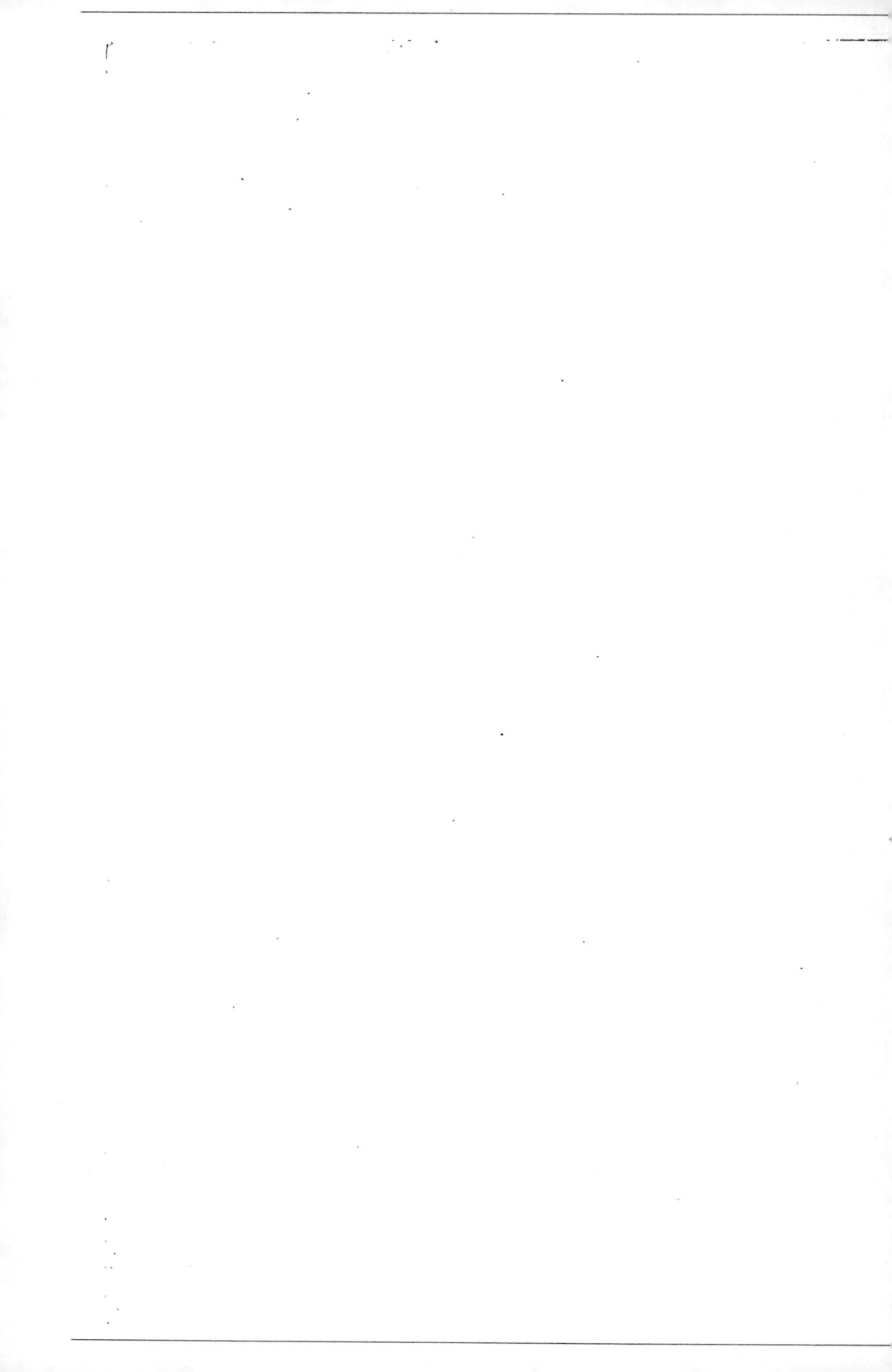

LA

BATAILLE DE MURET

ET LA

TACTIQUE DE LA CAVALERIE

AU XIIIe SIÈCLE

(AVEC DEUX PLANS TOPOGRAPHIQUES)

PAR HENRI DELPECH

MEMBRE DU CONSEIL

DE LA SOCIÉTÉ POUR L'ÉTUDE DES LANGUES ROMANES

PARIS

PICARD, LIBRAIRE-ÉDITEUR
Rue Bonaparte, 82

TOULOUSE

DUCLOS, LIBRAIRE-ÉDITEUR
Rue des Balances, 54

MONTPELLIER

CHEZ L'AUTEUR ET AU BUREAU DE LA SOCIÉTÉ
POUR L'ÉTUDE DES LANGUES ROMANES

1878

MONTPELLIER. — TYPOGRAPHIE FIRMIN ET CABIROU.

ERRATA

—

INTRODUCTION. — P. XV, note 1, au lieu de : V. 2941, lisez : *V. 2940.*
P. XVI, aux notes, ligne 4, au lieu de : pag. 81 E, lisez : *pag. 84 C.*

CHAPITRE I. — P. 1, l. 10, au lieu de : son Prieur, lisez : *le Prieur.*
P. 7, note 1, l. 4, au lieu de : Cart. Lezat f° 79, lisez : *f° 279.*

CHAPITRE II. — P. 16, note 2, l. 9, au lieu de : habes tantum, lisez : *habens tantum.*

CHAPITRE III.— P. 37, aux notes, l. 6, au lieu de : Quia domum, lisez : *pro eo quod ipsam domum.*
P. 37, l. 7, au lieu de : protimùs, lisez : *protinùs.*

CHAPITRE IV. — P. 39, note 1, l. 5, au lieu de : par le castel, lisez : *par le castiel.*
P. 45, note 2, l. 2, au lieu de : Allain de Rouchy, lisez : *Alain de Rouchy.*
P. 45, note 3, l. 3, au lieu de : acotrats, lisez : *acostrats.*
P. 46, note 1, l. 15, au lieu de : au nom de la trinité, lisez : *ou nom de la trinité.*
P. 47, aux notes, l. 1, au lieu de : en celle bataille, lisez : *en chele ci.*
P. 52, note 3, l. 9, au lieu de : se desempararen, lisez : *lo desempararen.*
P. 58, note 1, l. 8 : *Idem.*
P. 67, aux notes, l. 1, au lieu de : Puy-Laurens, lisez : *Guil. de P.-L.*
P. 67, aux notes, l. 7, après les mots : ceulx de Toulouse, ajoutez : *qui avaient assailly Muriaux.*
P. 70, l. 8, au lieu de : renga la batayla, lisez : *rengar la batayla.*
P. 77, note 1, l. 2, au lieu de : nunè, lisez : *nunc.*
P. 99, aux notes, l. 3, au lieu de : à plusieurs kilomètres, lisez : *à plus d'un kilomètre.*

CHAPITRE V. — P. 104, l. 18, au lieu de : des mille chevaliers, lisez : *des mille cavaliers.*

PIÈCE J. B. — P. 138, l. 11, au lieu de : conjuscumque, lisez : *cujuscumque.*

PIÈCE D. — P. 146, § V, après le 3ᵉ alinéa, ajoutez : *Lo Bisbe de Girona, ira ab trenta cavallers.*

———

ABRÉVIATIONS

PRÉFACE

Nous recherchons la vérité historique sur la bataille de Muret.

Outre son importance politique[1], ce fait d'armes a un titre particulier à l'attention des historiens ; sa restauration soulève deux problèmes qui n'ont pas encore été résolus :

A Muret, *neuf cents* cavaliers croisés, commandés par Simon de Montfort, dispersèrent une armée vasco-aragonaise qu'on ne saurait évaluer à moins de *quarante-trois mille* hommes.

Ce prodigieux résultat a suggéré aux historiens les explications les plus étranges, quelquefois même des doutes sur la réalité de la bataille.

Nous pensons que le combat de Muret fut sérieux, que le comte de Montfort eut en face de lui, au moins parmi les

[1] La bataille de Muret constitue un des faits les plus importants de l'histoire de l'unité française.

On sait que le guerre des Albigeois a inauguré l'union des Français du Nord avec ceux du Midi. Cette guerre comprend deux phases principales : de 1208 à 1213, les barons croisés, venus des pays de langue d'oil, remportèrent sur les seigneurs hérétiques de langue d'oc des succès foudroyants. Puis, de 1213 à 1229, les vainqueurs éprouvèrent à leur tour des revers continus. Ces alternatives de victoires et de défaites épuisèrent si bien les deux partis qu'il vint un temps où aucun des deux ne fut plus en état de triompher d'une manière décisive. Alors intervinrent les rois de France, qui, en rétablissant l'ordre et la sécurité dans le pays, réussirent à apaiser les belligérants. Ainsi ils surent réunir les deux races sous le même sceptre.

Avant que la couronne de France eût entrepris ce rôle de pacificateur, celle d'Aragon était aussi intervenue dans les affaires des peuples de langue d'oc. Elle y avait même conquis une si grande influence que (selon la juste observation de M. Boutaric) les rois

1

Espagnols, des adversaires intrépides, et qu'il dut son succès à des combinaisons qui révèlent en lui un homme de guerre éminent.

Si cette explication de sa victoire n'a pas été donnée, c'est que, jusqu'à présent, nul historien n'a suffisamment observé le champ de bataille de Muret, dont l'emplacement même est encore inconnu. Grâce à des documents d'une nature très-précise, nous croyons avoir retrouvé et rétabli ce champ de bataille. Aussitôt que nous avons pu y adapter le récit de nos chroniqueurs, la victoire de Muret a pris à nos yeux un caractère de réalité inattendu. C'était toujours un succès prodigieux, mais qui n'avait plus rien d'impossible. Il en est de certains résultats militaires comme des combinaisons du jeu des échecs : ce qui donne une valeur à chaque pièce, c'est moins sa marche intrinsèque que la place que le joueur sait lui assigner. De même nous osons penser (malgré l'autorité de Sismondi [1]) qu'à Muret, ce qui rendit irrésistible le choc des 900 hommes de Montfort, ce ne fut pas leur supériorité physique individuelle, mais bien le très-habile parti que leur chef sut tirer des conditions topographiques et morales où il eut l'art de les placer.

L'examen de ce premier problème nous a conduits à en soulever un second.

d'Aragon avaient alors plus de chances que les souverains français pour étendre leur domination sur le littoral de la Méditerranée.

Mais, en 1213, Pierre II, roi d'Aragon, vint combattre les Croisés à Muret et y perdit la vie. Sa couronne tomba sur la tête d'un enfant de six ans, dont la longue minorité fut agitée par des guerres civiles qui détournèrent l'activité de l'Aragon de toute politique extérieure. Ce fut précisément pendant ce temps que s'accomplirent les événements qui attirèrent dans le Midi la domination française. La défaite et la mort de Pierre II à Muret eurent donc pour résultat de fermer les pays de langue d'oc à toute autre influence que celle de la couronne de France.

Dès le XIIIe siècle, la victoire des Français à Muret (en 1213), les succès des Espagnols autour de Girone (en 1285), ont arrêté à la ligne des Pyrénées la future frontière des deux nations.

[1] Voyez l'opinion de cet auteur, ci-dessous, chap. vi.

C'est un point encore controversé que celui de savoir si
le moyen-âge a eu des principes de tactique [1]. Sans prétendre résoudre par un fait isolé un problème aussi général,
nous croyons que les partisans de l'affirmative pourraient
trouver des arguments tout nouveaux dans la bataille de
Muret, si l'on admettait notre version sur ce fait d'armes.
Il nous parait contenir des renseignements importants et
inédits sur la tactique de la cavalerie au XIIIe siècle.

C'est pourquoi, après avoir restauré les différentes phases du combat de Muret, nous avons entrepris d'y puiser
des lumières sur la tactique de son temps. Pour donner à
nos inductions le caractère de réalité qu'exigent les choses
de la guerre, nous nous sommes attachés à juger les
manœuvres des cavaliers de Montfort d'après les principes
de leur arme dans les temps modernes. A chaque fait
militaire, nous nous demandons quel jugement émettrait
sur ces dispositions l'école de cavalerie contemporaine.
Elles nous paraissent satisfaire aux principes de cette école
d'une manière si rigoureuse et si constante, qu'il nous semble difficile qu'un ensemble de manœuvres aussi rationnel
ait pu être le fruit d'un simple hasard.

En résumé, expliquer la victoire de Muret par sa topographie, éclairer par les manœuvres de Muret l'école de
cavalerie du XIIIe siècle, tels sont les deux résultats que
nous avons cherchés dans ce travail. Nous soumettons
aux hommes spéciaux les pièces de ce procès, dont eux
seuls peuvent être les juges compétents, et dont nous ne
prétendons être ici que le très-modeste greffier.

Notre monographie est divisée en sept chapitres discutant séparément, dans l'ordre historique des faits, chacun
des problèmes que soulève l'étude de notre sujet. Nous

[1] Voyez, sur cette question, les opinions opposées de M. Viollet-
Leduc et du général Susane, ci-dessous, chap. VII, notes 1 et 2.

recherchons successivement : 1° la topographie du champ
de bataille ; 2° les effectifs des deux armées ; 3° leurs dispositions morales et les préliminaires du combat ; 4° la bataille
elle-même ; 5° les causes de la victoire ; 6° les renseignements que contient ce fait d'armes sur l'art militaire au
XIIIe siècle.

Une septième dissertation a été consacrée par nous à
réfuter les textes que l'on pourrait opposer à notre opinion.
De ce nombre est le poème de la *Canso de la Crozada,* qui
contredit notre version sur certains points et la confirme
sur d'autres. Après avoir introduit au fil de notre récit tout
ce que la *Canso* nous paraît contenir d'exact, nous discu-
tons le reste dans un chapitre spécial inséré par nous aussitôt après notre propre historique de la bataille, afin que le
lecteur puisse plus aisément comparer les deux versions
placées ainsi à côté l'une de l'autre.

Pour faciliter l'intelligence de notre travail, nous y avons
joint deux dessins topographiques dressés dans les conditions
suivantes : après nous être assurés que la carte de l'état-
major et le plan cadastral de Muret étaient absolument
d'accord, nous nous sommes procuré un décalque du plan
d'assemblage du cadastre, sur lequel ont été transportés
tous les renseignements militaires de la carte de l'état-major.
Sur ce travail, qui donne à une grande échelle l'état actuel
de Muret et de ses environs, nous avons indiqué, en traits
d'une couleur particulière, les dispositions de lieux qui
existaient au temps de la bataille, et qui ont disparu aujour-
d'hui.

Un mot maintenant sur les sources où nous avons puisé
ces renseignements.

La partie topographique nous a été révélée par une série
de documents existants aux archives de la mairie de Muret,
dans celles du Capitole et de la préfecture de Toulouse et à

la Bibliothèque nationale, dans le cartulaire de l'abbaye de Lezat, dont dépendait le prieuré de Saint-Germier, autrefois propriétaire du sol où eut lieu la bataille. Pour les principales indications sur les effectifs de l'armée vasco-aragonaise, c'est en Espagne, et notamment aux archives de la Couronne d'Aragon, que nous en avons puisé les éléments.

Quant aux sources proprement historiques, nous avons dû les emprunter à des chroniqueurs de tous les pays (Français, Espagnols, Anglais ou Italiens), la croisade contre les Albigeois ayant réuni dans les pays de langue d'oc des hommes de toutes les nations.

Comme autorité, nous plaçons en première ligne les chroniqueurs espagnols, parce que leurs compatriotes, amenés à Muret par des intérêts purement féodaux ou politiques, n'épousèrent pas les dissentiments religieux qui nous rendent suspects les autres chroniqueurs. Nous avons surtout consulté avec confiance les mémoires du roi Jacques Ier d'Aragon (*el Conqueridor*). Catholique sincère, mais fils du souverain qui périt à Muret dans les rangs des hérétiques, le roi Jacques ne saurait être suspect de prévention contre aucun des deux partis. Sa compétence bien connue dans les questions militaires lui donne ici d'autant plus d'autorité qu'il a émis sur la bataille de Muret un jugement d'un caractère absolument technique, bien qu'aucun historien ne paraisse encore en avoir remarqué l'importance.

Après les auteurs espagnols, nous nous sommes particulièrement appuyés sur la chronique de Pierre, abbé des Vaux de Cernay, et sur celle de Guillem de Puy-Laurens.

Pierre des Vaux de Cernay, chapelain et ami personnel de Montfort, a vu de ses yeux tout ce qui s'est passé à Muret du côté des Croisés. Guillem de Puy-Laurens était attaché avec le même titre au jeune comte de Toulouse, Raymond VII, qui assista au combat des hauteurs du camp

vasco-aragonais. G.de Puy-Laurens affirme en tenir le récit
de la propre bouche de son maître. Ces deux témoins, ainsi
postés au même moment dans les deux armées opposées,
ont pour nous le précieux avantage de nous donner, par
leur rapprochement, une espèce de *vue cavalière* de la
bataille. Si l'on doit se défier des préférences passionnées
du premier pour le comte de Montfort,la version du second,
qui fut l'ami du comte de Toulouse, est un précieux
moyen de contrôle pour ce qui s'est passé du côté des
hérétiques. Quant au récit des faits de l'armée catholique, il
a aussi sa garantie de sincérité : les sept évêques et les trois
abbés qui accompagnaient les Croisés ont rédigé un rapport
officiel sur la bataille, acte solennel et public que les
contemporains ont pu connaître et contrôler, et dont le
ton n'offre pas ce caractère de violence qu'on a reproché
au chapelain de Montfort. Ce document dut lui imposer des
bornes difficiles à franchir, au moins pour la matérialité
des faits. Là où P. des Vaux de Cernay n'est contredit par
aucun des deux autres récits, on peut admettre sa sincérité, surtout quand il ne s'agit que de lui emprunter des
renseignements tactiques dont il ne soupçonnait assurément
pas l'importance.

Quant aux chroniqueurs de langue d'oc, leur narration,
outre sa précieuse abondance, offre l'incalculable avantage
de nous renseigner sur la configuration du terrain.Ils nous
semblent, sous ce rapport, d'une telle exactitude, que, sur les
points historiques où nous les croyons dans l'erreur, il nous
arrive de pouvoir invoquer leur propre topographie à l'encontre de leur narration. En ce qui touche leur sincérité, on
est bien obligé de se défier des ressentiments que le douloureux résultat de la défaite de Muret devait faire éprouver
à leur patriotisme. Toutefois, nous verrons, en examinant
de près la version de la *Canso,* que les erreurs de son auteur
n'ont pas le caractère d'une dissimulation réfléchie. Elles

peuvent être le fruit d'une fausse rumeur publique trop
facilement acceptée par le poète.

Pour le surplus, voici la liste des documents historiques
dont nous avons fait usage, avec l'indication des éditions
ou des archives où nous les avons puisés :

Nous empruntons à la collection des *Historiens de France*
les textes suivants : *Pierre des Vaux de Cernay* (t. XIX,
pag. 83 à 88) ; — la *Relation officielle des Prélats* (t. XIX,
pag. 88 à 89) ; *Guillem de Puy-Laurens* (t. XIX, pag. 207
à 209) ; — *la version en prose de la Canso* (t. XIX, pag. 152
à 154) ; — *Bernard Gui* (t. XIX, pag. 227) ; — *Roderic de
Tolède* (t. XIX, pag. 230) ; — *Marca* (t. XIX, pag. 233) ;
—la *Chronique de St-Victor de Marseille* (t. XIX, pag. 238) ;
— la *Chronique en prose de Guillaume le Breton* (t. XVII,
pag. 92) ; — la *Grande Chronique de St-Denis* (t. XVII,
pag. 403) ; — la *Chronique de Waverley* (t. XVIII,
pag. 202) ; — *Reyner de Liége* (t. XVIII, pag. 625) ; —
le *Chanoine prémontré de Laon* (t. XVIII, pag. 716) ; —
la *Philippide* (t. XVII, pag. 220).

Ce dernier travail, malgré les fictions que fait excuser sa
forme poétique, nous paraît exact au point de vue de la
topographie. On a, du reste, signalé bien des fois la réalité de ses descriptions locales dans son récit des guerres
de Philippe-Auguste. Toutefois, le lecteur voudra bien se
souvenir que Guillaume le Breton, n'ayant pas assisté personnellement à la bataille de Muret, n'a pu connaître les
lieux que par le rapport des Croisés. On ne peut donc rai-
sonner sur ses précisions topographiques qu'en le supposant placé du côté des cantonnements français.

La *Chronique française de Baudouin d'Avesnes* contient
un récit de la bataille de Muret que les éditeurs des *Historiens de France* ont omis dans leur publication. Nous
l'avons copié directement sur le même manuscrit de la

Bibliothèque nationale (n° 17264, fol. 363, col. 2), sur lequel ces éditeurs ont fait leur travail.

Nous prenons le récit d'*Aubry de Trois-Fontaines* dans les *Monumenta Germaniœ* (t. XXIII, pag. 897).

Vincent de Beauvais a été emprunté par nous au *Speculum Historiale*, t. IV, *Speculi majoris* (liv. XXX, ch. ix. Douai, 1624).

Nous avons puisé la chronique en vers de *Mouskes* à la collection des chroniques belges de Reiffemberg (vol. II, pag. 381).

Les *Annales genuenses*, de Caffaro, se trouvent dans Muratori (*Scriptores rerum Italicarum*, t. VI, liv. IV, pag. 405. Milan, 1725).

Pour le texte de la *Canso de la Crozada*, nous renvoyons nos lecteurs à la remarquable édition que vient d'en publier M. Paul Meyer, avec le concours de la Société de l'histoire de France.

Quant aux *Mémoires du roi Jacques d'Aragon*, nous avons pris leur texte au manuscrit de la Bibliothèque provinciale de Barcelone (n° 11, 2, fol. IV et V). Tout en indiquant dans nos citations les alinéas de ce manuscrit, nous donnons aussi la page correspondante de l'excellente édition que vient d'en publier M. Aguiló y Fuster dans sa *Bibliotheca catalana* (Barcelona, 1874. Verdarguer éditeur).

Nous empruntons à la même source le *Libre dels feyts darmes de Catalunya,* de *Bernat Boades* (Barcelona,1873).

La chronique de *Bernard Desclot* a été prise dans Buchon (*Panthéon littéraire*, t. I, pag. 584).

Celle de *Beuter*, dans l'édition espagnole de Valence, in-f°. 1604.

La bataille de Muret est encore racontée dans beaucoup d'autres chroniques (telles que les *Prœclara Francorum facinora* et le récit de *Mathieu Paris*) ; mais leurs versions nous ont paru si directement empruntées aux autres chro-

niqueurs que nous n'avons pas cru qu'elles pussent avoir
une autorité indépendante. Nous ne citons même de Vincent
de Beauvais et d'Aubry de Trois-Fontaines que le peu de
mots qui leur sont personnels.

Quoique nous nous soyons fait une règle de rejeter de
nos sources tous les auteurs qui ne remontent pas au
moyen-âge, cependant nous avons cru devoir faire une
exception en faveur de Çurita, non-seulement à cause de
son érudition et de sa sincérité, mais aussi parce qu'il cite à
l'appui de son opinion des chroniqueurs contemporains de
la bataille de Muret dont le texte n'existe plus aujourd'hui.
Nous empruntons le texte de Çurita à *l'édition de Saragosse*, 1610-1621.

Ces indications générales étant données sur les sources
où nous avons puisé nos textes, nous n'aurons désormais,
en discutant chaque citation, qu'à indiquer la page où le
lecteur doit aller la chercher.

Avant d'exposer le fruit de nos recherches, nous devons
exprimer ici notre profonde reconnaissance pour les érudits
qui ont daigné nous encourager. Nous citerons :

A Paris, M. Léopold Delisle, M. Léon Gautier et M. Paul
Meyer ;

A Toulouse, M. Roschach, archiviste du Capitole, et
M. Beaudouin, archiviste de la Haute-Garonne ;

A Perpignan, M. Alart, archiviste des Pyrénées-Orientales ;

A Barcelone, M. Milá y Fontanals, recteur de l'Univer-
sité ; M. Manuel de Bofarull, directeur des archives de la
Couronne d'Aragon, et M. Antoine de Bofarull, l'éminent
auteur d'une *Histoire de Catalogne ;*

A Montpellier, M. Germain, de l'Institut, doyen de la
faculté des lettres, et nos amis et collègues de la Société des

langues romanes : MM. Charles de Tourtoulon, Boucherie et Roque-Ferrier.

Nous devons aussi beaucoup à M. Fons, ancien juge au tribunal de Muret, qui a fait sur Muret et ses environs des études où nous avons puisé de précieux renseignements topographiques.

La restauration de la bataille de Muret n'a pas exigé seulement des recherches de textes inédits : elle nous a forcés de faire bien des voyages, de lever bien des plans, de sonder bien des terrains, de fouiller des sources de renseignement de toute nature, et souvent sans succès. Pour l'accomplissement de ce travail fastidieux, nous avons été secondés avec un empressement que nous ne saurions oublier. Qu'il nous soit donc permis de remercier vivement M. le comte de Croy, premier secrétaire d'ambassade à Rome ; M. Bovet, chancelier de l'ambassade ; M. Geffroy, directeur de l'école française de Rome ; M. Partiot, consul de France à Milan ; M. Lacointa, magistrat à Paris ; M. Egger; M. Viollet-Leduc ; notre ami personnel M. Léon Delpech, de Muret ; M. de Castillon–Saint-Victor, maire de cette ville ; M. Henri, ancien président du tribunal de Muret; M. Joseph du Bourg; M. le comte de Saint–Martin-Frégose et M. Sabatié de Toulouse ; M. Aguiló y Fuster, directeur de la Bibliothèque provinciale à Barcelone ; M. Joseph Puiggary, archiviste municipal à Barcelone ; M. Antonio Elias de Molins, élève de l'école des Chartes de Madrid, et M. Verdaguer, éditeur, à Barcelone.

Ceux-là seuls qui entreprendront des restaurations archéologiques à l'étranger pourront comprendre la légitimité de notre reconnaissance et le plaisir avec lequel nous payons cette dette.

Henri DELPECH.

INTRODUCTION

La bataille de Muret a terminé en 1213, à l'avantage des Croisés, la première période de la guerre contre les hérétiques albigeois.

De 1208 à 1213, les Croisés envahirent le littoral de la Méditerranée et conquirent la plupart des villes de Gascogne, si bien qu'en 1213 il ne restait au comte de Toulouse, principal appui des hérétiques, que les deux villes de Toulouse et de Montauban.

Mais alors se produisit dans le Midi un soulèvement d'un caractère général. Pierre II, roi d'Aragon, beau-frère du comte de Toulouse, franchit les Pyrénées avec une armée considérable, et la Gascogne entière se joignit à lui, sous les ordres des comtes de Toulouse, de Foix et de Comminges.

Le mouvement devint alors si contagieux que les convois de Simon de Montfort, qui commandait les Croisés, furent interceptés jusqu'en Provence.

En septembre 1213, l'armée vasco-aragonaise partit de Toulouse pour aller assiéger, à six lieues au sud de cette ville, sur la rive gauche de la Garonne, la place de Muret, où Montfort avait mis garnison pour surveiller les Toulousains. Montfort était en ce moment à Fanjaux, où il assemblait à la hâte ses contingents épars, pour faire tête à l'orage.

Le mercredi 11 septembre, les Vasco-Aragonais attaquèrent le faubourg de Muret, qui n'avait que des défenses insuffisantes, s'emparèrent d'une de ses portes et forcèrent les défenseurs à se retirer dans la ville haute et le château [1].

---

[1] *Canso* (v. 2941) : Que dins la vila nova son tuit essems intratz
  Els Frances que lai eran an de guiza coitatz
  Que al cap del castel s'en son trastutz pujatz.
Version en prose de la *Canso* (D. Bouquet, pag. 152 et 153 A : « Se

En ce moment arriva l'armée croisée par la route de Fanjaux, située sur la rive droite de la Garonne, et qui communiquait par un pont avec la ville assise sur la rive gauche. Le roi d'Aragon fit alors suspendre l'attaque du château et abandonna la partie conquise du faubourg[1]. Dans l'espoir de pouvoir se saisir de la personne même de Montfort et de terminer ainsi la guerre d'un seul coup, Pierre II laissa le général croisé franchir la Garonne et pénétrer dans Muret sous les yeux de ses troupes, qui serraient la ville de si près qu'elles purent compter un à un les soldats ennemis, tandis qu'ils défilaient sur le pont du fleuve[2].

C'est dans ces positions respectives que les deux armées arrivèrent au 12 septembre 1213, jour de la bataille.

son vengutz les deldit sety donar l'assault a l'una de las portas.....
Son intratz dins la dita villa... Adonc se son retiratz los que se son pogutz salvar dedins lo castel. »

Petrus V. S. (pag. 84 E) : « Accedentes adversarii ad castrum Murelli, statim primo incursu, primum castri burgum intraverunt, quia obsessi nostri non poterant illud munire et se in aliud burgum aliquantulum fortius receperant. »

Baudouin d'Avesnes (f° 363, col. 1 et 2) : « Ils prirent à leur venir le premier bourg, au dedans n'avait plus de XXX chevaliers qui se rechurent en ung autre bourg plus fort. »

[1] Petrus V. S. (pag. 84 C) : « Ipsum tamen primum castri burgum hostes citiùs dimiserunt. »

Canso 2950. Cant lo reis o auzi no s'en te per pagatz...
     2953. Quels homes de Murel laisso estar em patz...
     2956. Qu'en Simos de Montfort vendra dema armatz...
     2960. E prendrem los Frances e trastotz los crozatz...
     2963. Car si nos er prendiam cels qui son ensarratz,
            Simos s'en fugiria per los autres comtatz...
     2966. Per que valdra be mais siam tuit accordatz
            Quels laissem totz intrar, e puih tindrem los datz....

Version en prose (dom Bouquet, p. 153 A) : « Es vengut lo dit rey d'Arago et las ditas gens a faictas recular et laissar lodit assault... La causa per que fec laissar lodit assault fouc per so que calcun li venguet dire que lo C. de M. venia... e que aqui poirian aver lo C. de M., amay toutas sas gens... »

[2] Guil. de P.-L. (p. 208 C) : « Ingressi sunt Murelli, quos peragrantes pontem satis poterant hostes, si vellent, quasi ad numerum æstimare. »

LA

BATAILLE DE MURET

ET LA

TACTIQUE DE LA CAVALERIE AU XIIIᵉ SIÈCLE

CHAPITRE PREMIER

TOPOGRAPHIE DU CHAMP DE BATAILLE

§ I

POSITION DES VASCO-ARAGONAIS

(V. Plan I.)

Pour reconstituer la topographie du champ de bataille, notre premier soin a été de retrouver l'emplacement de la principale mêlée où succomba le roi d'Aragon.

Au nord-ouest de Muret, près du point où s'élevait, au XIIIᵉ siècle, le prieuré de Saint-Germier, s'étend un vaste terrain qui porte dans les anciens textes le nom de *tènement l'Aragon*. Il appartenait au couvent, dont les titres sont actuellement aux archives de la Haute-Garonne. Là se trouve un dénombrement des biens conventuels, fait, le 10 septembre 1510, par son prieur, le R. Pol Pouchet. Ce dénombrement mentionne, comme appartenant pour partie à la maison, le terrain qui nous occupe, et il ajoute la mention suivante : *Ledit pré, dans lequel fut tué un roi d'Aragon, quand il voulut détruire par guerre la présente ville de Muret* [1].

---

[1] Archives de la Haute-Garonne (titres du chapitre de Saint-Etienne, cahier nᵒ 8) : « *Plus, dedens son oubliary, lodit prat deu*

Il nous importait de préciser exactement les limites du terrain en question. C'est ce que nous ont permis les documents suivants :

En 1557 et 1669, les habitants de Muret firent, pour l'établissement de leur impôt foncier, des travaux d'arpentage qui existent encore à la mairie de Muret en deux in-folios portant le titre de *Livres terriers*. C'est là que nous avons retrouvé le *tènement l'Aragon* avec indication de ses *confronts*, qui lui assignent pour limites : le *ruisseau de la Saudrune*, le *chemin de Muret à Seysses* et les *domaines* de *Terrery* et *Guerrié* [1]. On peut constater, par l'inspection de notre plan, que ces limites existent encore

comun en loqual prat fuc tuat et annotat un Rey d'Arago volen destruire per guerra la présent vila de Muret. »

(Le cahier n° 8 contient un dénombrement fait en français, le 7 octobre 1667, des droits et oblies du prieuré de Saint-Germier. Cette pièce cite, comme document à l'appui, le dénombrement en langue romane fait le 10 septembre 1510. Le texte roman commence lui-même par ces mots, qui en expliquent suffisamment l'objet : « Par-devant vous, messeigneurs les commissaires du Roi, notre suberan seignur, députés à faire la réunion des reconnaissances en sa comté de Comminges, bailla par déclaration, Moussu Pol Pouchet, priu deu priurat de Saint-Germié, en lo loc de Muret, fundât les bes, rendas, oublias que ledit priu ten de present et possedidas de tant de temps que no es memoria de contrari.....»

Par une bulle pontificale du 5 des ides de février 1592, le prieuré de Saint-Germier, qui avait jusqu'alors dépendu de l'abbaye de Lezat, fut réuni au chapitre de Saint-Etienne de Toulouse, et ses titres furent transportés dans cette ville pour être joints aux archives du chapitre. Le tout fut transféré, à la suite de la Révolution, aux archives de la Haute-Garonne. C'est là que l'on peut trouver aujourd'hui tous les textes relatifs à Saint-Germier. Ils sont, en outre, énumérés au répertoire des titres du chapitre de Saint-Etienne, lettre M, p. 26, lequel renvoie à une table en deux in-folios, fort régulièrement tenue.

[1] Livre terrier de 1669 (folios 128-129): « Héritiers de Pierre Bastonié : tiennent les héritiers, *au quartier de St-Germier, lieu de l'Aragon,* plantier confrontant... du midi, Jean Bories ; est, François *Guerrié ;* sud, Dominique *Terrery....* »

(Folios 156-157) : « Héritiers de Ramond Saurimond : tiennent *au quartier de Saint-Germier, dit l'Aragon,* vigne dite à la Plante, confrontant du levant *chemin de Muret à Seysses*, etc....»

(Folio 148) : « Tènement de Pierre Villatard.... 2° *au quartier de l'Aragon,* confrontant Dominique *Terrery, Guerrié, ruisseau de la Saudrune,* etc... »

aujourd'hui avec les mêmes dénominations. (Elles se retrouvent, et sur la carte de l'état-major et sur celle du plan cadastral).

Ce même terrain de *l'abbaye Saint-Germier* est encore désigné par Catel, en 1623, comme étant, d'après l'opinion publique, le champ de bataille de Muret [1].

Cette première indication nous a guidés dans la recherche du camp vasco-aragonais.

Guillem de Puy-Laurens nous apprend que ce camp s'élevait à *l'occident de Muret* et que *sa partie antérieure formait une éminence, d'où le jeune comte Raymond VII put voir le combat* [2]. Or le seul pli de terrain existant dans la vaste plaine qui se déroule à l'occident de Muret est la ligne de hauteurs qui s'étend depuis *Perramon* jusqu'à *Seysses*, en passant par *Monjuif* et *Fontarabie*.

Ces collines sont le seul point culminant d'où l'on puisse embrasser d'un coup d'œil d'ensemble le terrain *l'Aragon*. Elles devaient le dominer encore mieux au XIIIᵉ siècle, car la carte de Cassini leur donne déjà beaucoup plus de relief, et les alluvions de la Garonne ont grandement élevé le sol inférieur depuis six siècles.

Cet observatoire est en outre assez rapproché pour permettre de percevoir les bruits de la plaine ; or, G. de Puy-Laurens nous apprend que Raymond VII entendait si distinctement le choc des combattants, qu'il arrivait à ses oreilles comme des coups de hache sur un arbre [3].

Le champ de bataille, si voisin du camp, devait être en outre fort rapproché de la Garonne, puisque les vaincus se noyèrent en grand nombre dans le fleuve, en cherchant un asile sur la flotte de ravitaillement qu'ils y avaient

---

[1] Catel (Histoire des comtes de Toloze, liv. II, chap. VI, pag. 298. Toulouse, éd. 1623).

[2] Guill. de P.-L. (p. 208 E) : « Exierunt per portam quæ respicit orientem, cum castra essent ab occidente. »

Guill. de P.-L. (pag. 209 A) : « Sicut audivi referentem dominum Raymondum ultimum Tolosæ comitem, qui tunc tanquam ætate inhabilis ad pugnandum, eductus fuit de castris, in æquo libero ad locum eminentem unde commissionem videre poterat ...»

[3] Guill. de P.-L. (pag. 209 B) : « Armorum collisio et sonus ictuum ad locum ubi erat ipse qui hoc dicebat, aëre ferebatur ac si multæ secures nemora detruncarent. »

amenée [1]. Or, on peut constater que le terrain *l'Aragon* s'étend juste entre la Garonne et les hauteurs où nous plaçons le camp vasco-aragonais [2].

Les collines qui courent de Perramon à Seysses répondent donc à l'emplacement du camp, comme le terrain *l'Aragon* à celui du champ de bataille. Voici maintenant une série de détails qui confirment nos deux conjectures :

1° P. des Vaux de Cernay nous apprend que les Croisés, sortant de Muret pour attaquer leurs ennemis, *les trouvèrent rangés dans une plaine qui joignait leur camp* [3]. Or, entre Muret et les hauteurs de Perramon à Seysses, il n'y a d'autre plaine que le terrain *l'Aragon*.

2° G. de Puy-Laurens ajoute que, pour fournir cette première attaque contre le corps commandé par le roi d'Aragon, les deux premiers escadrons des Croisés *eurent à traverser une rivière* [4]. Le terrain *l'Aragon* n'est, en effet, séparé de Muret que par la rivière de la Louge [5].

3° P. des Vaux de Cernay dit ensuite que lorsque ses deux premiers escadrons se furent engagés en plaine, Montfort, pour les appuyer, dirigea son troisième corps *sur la gauche, puis traversa par un sentier un terrain défoncé, pour se*

---

[1] *Canso* (v. 3085) : El pobles de Tolosa, e lo grans el menutz,
        S'en son trastutz essems ves l'aïga corregutz,
        E passon cels que pogon, mas motz n'i a remazutz.
Voyez aussi : Guill. de P.-L. (pag. 209 C);— Petr. V. S. (pag 87 E).

[2] Sur cette rive de la Garonne, depuis Joffrery jusqu'aux environs des Pesquès, l'agriculture met fréquemment à découvert des ossements humains sur des points où il n'existe aucune trace de lieux habités. La dernière inondation de la Garonne, du 23 juin 1875, en a mis à nu un très-grand nombre. Ces détails ne paraîtront peut-être pas insignifiants si l'on considère que, d'après tous les chroniqueurs, il périt à Muret de 15 à 20,000 personnes, tuées ou noyées. — Voyez ci-dessous, chap. IV, § 7.

[3] Petr. V. S. (pag. 87 A) : « Qui egressi de castro, in campi planitie juxta castrum viderunt hostes paratos ad pugnam.... »

[4] Guil. de P. L. (p. 208 E) : « Rivum quemdam transeuntes, in planitiem versus exercitum redierunt.... »

[5] Ce ruisseau de la Louge existait déjà en 1213, avec le même nom *Luia* et sur le même emplacement. La collection des chartes du prieuré de Saint-Germier (comprise dans le cartulaire de Lezat) le signale souvent comme limitant certains biens du prieuré. — Voyez cartulaire de Lezat (Bib. nat., fonds latin, n° 9189, et, entre autres, folio 283, recto, colonne 2).

rabattre ensuite sur l'ennemi [1]. Or, même aujourd'hui, pour opérer ce mouvement tournant par la gauche, il faudrait traverser le terrain de Rudelle, terrain bas, où les eaux extravasées de la Louge séjournent et défoncent le sol. Il devait être encore plus bas, il y a 600 ans, les alluvions ayant beaucoup élevé le sol et rétréci les surfaces inondées.

4° Le poème de la *Canso*, qui signale aussi ce terrain et le sentier par lequel Montfort le traversa, le qualifie de *marais* (palutz). Il précise en outre que les Croisés le trouvèrent sur leur chemin *en allant en droite ligne de la porte de Sales aux tentes toulousaines* [2]. Or, si sur notre plan on trace une ligne droite allant de la porte de Sales aux collines de Perramon, on passe juste au travers des bas-fonds de Rudelle.

5° Ce détail est d'autant plus important que cette même colline de Perramon semble être particulièrement désignée par Guillaume le Breton comme ayant été le cantonnement assigné aux contingents toulousains. Ce chroniqueur rapporte, en effet, que les milices de Toulouse assistaient à la bataille d'une éminence *située sur la gauche, où s'élevaient leurs tentes* [3]. Or, pour les Croisés (de qui G. le Breton tenait ce détail), la colline de Perramon s'élevait bien *à gauche*, puisqu'ils étaient adossés à la Garonne. Le même auteur ajoute que, de cet observatoire, les Toulousains pouvaient s'assurer *s'il n'arrivait pas de renforts aux Croisés* [4] ; or nous allons voir que le côté de la porte de Sales, que seuls ils pouvaient surveiller, était en effet le

[1] Petr. V. S. (pag 87 B) : « Comes noster .. irruit a sinistra, in hostes...... Stabant autem ordinati ad pugnam juxta fossatum quoddam quod erat inter ipsos et comitem nostrum...... Invenit tandem in fossato modicissimam semitam.... per quam transiens in hostes se dedit..... »

[2] *Canso* (v. 3037) : A la porta de Salas les ne fan totz anar.
         3044.   Que per aquest semdier nos covindra passar,
                   C'anem dreit a las teudas com per batalha dar...
         3056.   E vau dreit à las tendas.
         3057.   Tuit s'en van a las tendas per mejas las palutz.

[3] *Philippide* (v. 810) : Stabat ad huc Tholosana phalanx prope fluminis undas.
                      .... in papilionibus altis.
                      Observans aditus castri e regione sinistra....

[4] *Philippide* (v. 813) : Ne quis ad obsessos veniat vel prodeat extra,
                      Qui ferat aut quœrat illis quodcumque juvamen.

2

seul par lequel Muret fût en communication avec la route de Fanjaux, d'où lui venaient les secours [1].

Telles sont les raisons pour lesquelles nous plaçons le champ de bataille de Muret au terrain *l'Aragon*, et le camp vasco-aragonais sur les collines qui vont de Perramon à Seysses.

Nous compléterons cette première restitution topographique par les trois précisions suivantes :

L'enceinte du camp avait été barricadée avec les chariots et les *impedimenta* de l'armée [2].

Le marais de Rudelle, qui le couvrait sur sa droite, devait passer pour être inaccessible à la cavalerie, car les chroniqueurs nous apprennent que Montfort, lorsqu'il voulut le franchir, y trouva à peine un sentier praticable [3].

Enfin toute la ligne antérieure du camp devait être défendue, à peu près à la hauteur du ruisseau de la Saudrune, par l'ancien lit desséché de la Louge. Il est en effet très-probable que cette rivière débouchait autrefois dans la Garonne par le ruisseau qu'on appelle aujourd'hui *les Pesquès*, où elle venait se jeter par un détour à gauche, au sortir des

---

[1] Voy. ci-après, § 2, *Topographie de la position des Croisés*. Le nom même de la colline de Perramon, ou Peyramon, semble rappeler le souvenir de son occupation par Raymond VI, comte de Toulouse, au moment de la bataille de Muret. Ce nom peut, en effet, avoir été formé par la contraction des deux mots romans : *Pech Ramon* (colline de Raymond). Toutefois, nous conseillons la plus grande réserve dans l'emploi de ces arguments étymologiques. Ainsi une opinion répandue à Muret explique le nom du domaine de *Guerrié* (qui limite le terrain l'Aragon) par la découverte qui y aurait été faite de quatre squelettes de guerriers recouverts de leurs armures. Un autre domaine, situé sur les collines au sud-ouest de Rioudesquis, et qu'on nomme *Marragon*, passe encore pour avoir été le quartier général du roi Pierre d'Aragon (*mas Aragon*, domaine d'Aragon). Ces deux explications paraîtront plus que douteuses si l'on observe que les terriers de 1357 et 1669 désignent le domaine de Guerrié comme appartenant à la famille *Guerrié* et celui de Marragon aux héritiers *Marragou*. Ce sont deux noms patronymiques transformés en noms de terre.

[2] Guil. de P.-L. (p. 209 B) : « Populus autem Tolosanus, de castris ubi erant vallati curribus et aliis impedimentis. »

[3] Petr. V. S. (p. 87 B) : « Invenit tandem in fossato modicissimam semitam. »

Canso (v. 3044) : Que per aquest semdier nos covindra passar.

marais de Rudelle. Lorsqu'on fortifia Muret, la rivière fut
amenée autour de la place par une tranchée qui constitue
son débouché actuel dans la Garonne, et qui prit, croyons-
nous, le nom spécial de *Riuet* ou *Ricel* (voyez ci-dessous :
ch. IV, § 5, p. 66, note 3). Aux XIe et XIIe siècles, une
partie du terrain *l'Aragon* formait ile *entre deux Lou-
ges* [1]. L'ancien lit de la Louge, abandonné par les eaux,
devait donc subsister encore au commencement du XIIIe
siècle.

§ II

POSITION DES CROISÉS

(Voir les *plans* I et II)

Les Croisés étaient cantonnés dans Muret.

L'isthme sur lequel s'élève cette ville, et qui est formé
par le confluent de la Louge et de la Garonne, présente un
terrain accidenté, dont le niveau s'élève à mesure qu'on
approche de Muret, de manière à dominer la rive gauche de
la Louge.

Ainsi, en suivant le cours de cette rivière d'amont en aval,
on constate que la rive gauche est basse ou inondée depuis la hauteur de Rudelle jusqu'aux approches de Muret.
Là seulement elle se relève d'une douzaine de mètres en
rejoignant la Garonne. La rive droite, au contraire (sauf
quelques brèches marécageuses) s'élève presque constamment à pic, de *a* en *b* et de *c* en *d*, sur une hauteur qui varie
entre 7 et 10 mètres. A partir de Muret, elle offre un escarpement d'une quinzaine de mètres, qui entoure la ville d'un
retranchement naturel [2].

---

[1] Le cartulaire de Lezat place ces terrains : *inter ambas Luias*,
et il fait du *Riuet* une des limites de ces terrains sur lesquels le prieuré
St-Germier avait un droit de leude pour l'usage du marché de Muret
(Cart. Lezat, f° 79, v°, col. 1 ; fol. 283, r°, col. 2). Quant à la direction
que devait suivre autrefois la Louge, elle est indiquée par la configuration du sol. On voit sur notre *plan* I, dont les altitudes sont
empruntées par nous à la carte de l'état-major, que de Rudelle à la
Garonne la pente est vers les Pesquès, tandis que l'assiette de Muret
est un massif de rochers, s'élevant de 15 mètres, au travers duquel on n'a
pu faire passer la Louge qu'en creusant une tranchée qui a laissé un
escarpement des deux côtés du confluent de la Louge dans la Garonne.

[2] Voyez notre *plan* n° I.

Le seul point par où la Louge devait être autrefois commodément guéable pour une armée venant de la rive gauche était une dépression de terrain d'environ 230 mètres de largeur, qui contournait en *d* le rempart de Muret, mais qui était commandée par le tir plongeant de la place. Encore sur ce point le niveau culminant était-il sur la rive droite. Si l'on tient compte des alluvions de la rivière, qui, depuis six cents ans, ont dû exhausser le bord le plus bas, et des érosions de son cours torrentueux, qui ont dû miner et abaisser constamment le bord le plus élevé, on doit admettre qu'en 1213 la rive droite de la Louge devait considérablement dominer la rive gauche, en même temps qu'elle en était isolée par les surfaces marécageuses.

Nous ignorons si ce sont ces difficultés de communication qui empêchèrent les Vasco-Aragonais de franchir la Louge et d'occuper ses deux bords. Toujours est-il qu'au moment de la bataille, l'isthme compris entre la Louge et la Garonne était libre et que, pour attaquer la cavalerie ennemie, Montfort dut passer sur la rive gauche.

Voici maintenant, sur la ville de Muret, les précisions nécessaires à l'intelligence de la bataille [1] :

---

[1] Voyez notre *plan* n° II. — Sur ce plan, comme dans notre texte, nous ne prétendons pas donner une restauration complète du Muret de 1213. Nous n'en avons restitué que les parties dont la topographie était nécessaire à l'intelligence de la bataille. Sur cet objet, voici l'ensemble des documents que nous avons pu recueillir :

I. Le château de Muret a été démoli au mois d'octobre 1623. Un procès-verbal de cette démolition, en date du 12 juin 1624, existe aux archives du capitole de Toulouse. Il donne l'emplacement, le relief et même la surface géométrique de ses principales fortifications ; en sorte que, pour rétablir ces ouvrages à leur ancienne place, nous n'avons eu qu'à les adapter aux parcelles correspondantes du plan cadastral actuel. Nous avons ainsi constaté que l'ensemble du château occupait, en la débordant un peu, la parcelle n° 103. (Voyez un extrait de ce procès-verbal parmi nos Pièces justificatives, pièce A).

II. Quant à la ville même de Muret, ses fortifications, qui n'ont disparu qu'assez récemment, existaient encore en 1669. Les deux livres terriers de 1557 et 1669, en énumérant les parcelles imposables situées à l'intérieur de la ville, nous ont donné l'emplacement et l'orientation des rues, des remparts, de leurs tours, de leurs portes, ainsi que de la chapelle du château, dite Saint-Sernin, qui en était voisine.

Le château, situé au confluent de la Louge et de la Garonne, sur un terrain qui dominait la ville de 10 cannes [1], possédait un donjon dominant la plaine de 24 cannes. Il dessinait un triangle muni d'une tour à chaque angle. Celle

III. Nous avons trouvé aux archives de Muret une copie d'une charte du 2 juin 1203 constatant la fondation du pont de la Garonne, sur lequel passa Simon de Montfort pour pénétrer dans Muret, la veille de la bataille. Les archives contiennent, sur ce même pont, un travail de M. Fons, qui en donne l'historique complet et exact. (Voyez la charte de 1203 parmi nos Pièces justificatives, pièce B).

IV. Les archives de Muret contiennent en outre un plan d'alignement de cette ville, en date du 18 novembre 1811, sur lequel sont reproduits, comme existant encore : 1° la chapelle du château, dite Saint-Sernin (c'est la parcelle cadastrale portant aujourd'hui le n° 98) ; 2° la porte de Sales, le fossé qui la défendait et les amorces des deux ponts-levis par lesquels on arrivait de cette porte à l'ancien pont de la Garonne ; 3° les culées mêmes de ce pont sur les deux rives du fleuve.

V. De nombreux changements ont été faits dans ces derniers temps aux abords de Muret par l'administration des ponts et chaussées ; mais ils ont tous été consignés sur des plans qui retracent exactement l'état antérieur des fortifications. Ces plans existent en double aux archives de Muret et de la Haute-Garonne, et nous y avons retrouvé la confirmation de nos précisions relatives aux systèmes de défense du pont de Garonne, de la porte de Sales et de celle de Toulouse.

(Voyez archives de la Haute-Garonne : 1° Projet de pont suspendu sur la Garonne, en avant de la porte de Sales, présenté en 1829. Porté au Répertoire n° 732 ; 2° Projet de pont sur la Louge, présenté en 1829. Porté au Répertoire sous le n° 680. — Archives de Muret : Registre des délibérations du conseil municipal, séance du 3 mai 1828.)

VI. Enfin ce qui reste aujourd'hui des fortifications de Muret permet encore de contrôler tous nos documents relatifs à l'assiette exacte de la ville, laquelle ne peut pas avoir changé. Elle dessinait, en effet, un triangle limité sur deux côtés par les bords à pic de la Louge et de la Garonne, dont on avait fait l'enceinte même de la ville en y appliquant un revêtement de maçonnerie. Le troisième côté, fermé par une courtine en ligne droite qui rejoignait les deux autres, a gardé son emplacement, le fossé de cette courtine ayant été converti en un boulevard qui limite les nouvelles constructions. Or c'est juste sur les angles de ce triangle que se trouvent les vestiges des fortifications et que portent les documents administratifs. Les trois angles étant connus, les côtés du triangle ont été faciles à reconstruire. Sur notre *plan* n° II nous avons eu soin d'indiquer en traits rouges les parties des anciennes fortifications qui existent encore, et en pointillé celles qui n'existent plus.

[1] La canne de Comminges mesurait un mètre soixante-dix centimètres.

qui regardait la Louge se prolongeait par une fortification en terrasse de 6 cannes d'élévation, sur 20 de longueur et 8 de largeur, qui longeait en le remontant le cours de la rivière [1]. La chapelle du château, dite Saint-Sernin, s'élevait en dehors du château, le long de la terrasse, l'abside à l'orient et l'entrée tournée vers la Louge. La largeur de la rivière n'ayant sur ce point qu'une trentaine de mètres, toute cette partie des fortifications était visible de la rive gauche [2].

Quant à la ville de Muret, agglomérée au midi du château, elle offrait dans son ensemble l'aspect d'un triangle dont la Louge occupait un des côtés, la Garonne le second, le troisième étant formé par une courtine en ligne droite qui réunissait les deux rivières. (C'est la ligne occupée aujourd'hui par la promenade de Muret.) Muret se composait alors de deux agglomérations : l'ancienne ville, pressée autour du château, fortifiée depuis l'an 1090 par une enceinte qui entourait son marché dit *Mercadar* [3], et la nouvelle qui s'étendait jusqu'aux limites actuelles et n'avait, en 1213, que de très-légères défenses, vu sa formation toute récente.

Il n'y avait à Muret que deux portes : celle de Sales, percée près de la Garonne, dans l'axe du faubourg de Sales actuel, et celle de Tholose (ou de Toulouse), qui ouvrait à l'occident sur la Louge, et donnait accès à un pont franchissant ce ruisseau dans la direction même du camp vasco-aragonais [4]. Muret possédait un second pont,

---

[1] Voyez l'extrait du procès-verbal de démolition du château de Muret parmi nos Pièces justificatives (pièce A) et le texte complet aux archives du Capitole de Toulouse (Recueil des délibérations des capitouls, t. XVIII, années 1621 à 1624, folios 315 à 319).

[2] Voyez aux archives de Muret, plan d'alignement de la ville, du 18 novembre 1811.

[3] L'enceinte de l'ancienne ville devait avoir son assiette autour du Mercadar, car c'est pour mettre ce marché public à l'abri des incursions que cette première fortification avait été construite. (Voyez cartulaire de l'abbaye de Lezat, titres de St-Germier : Bibl. nation., m⁵ˢ 9189, fonds latin, folio 279, verso, col. 1).

[4] Voyez livres terriers de 1556 et 1669. Guil. de P.-L. (pag. 208 D, E) : « Incidit concilium ne directè contra exercitum prosilirent ;... exierunt per *portam quæ respicit orientem* cum castra essent *ab occidente*. »

construit en bois et jeté sur la Garonne. Il partait de la rive droite de ce fleuve, au terroir dit de Saint-Marcel et dans l'axe de la route de Fanjaux, pour venir aborder la ville à la hauteur du Mercadar, mais sans avoir un accès direct dans la place [1]. Selon l'usage des architectes militaires du XIIIᵉ siècle, le pont de Garonne, en abordant Muret, débouchait sur une terrasse qui longeait le fleuve en amont sans être comprise dans l'enceinte continue, et filait entre la rivière et la courtine jusqu'à l'angle de la porte de Sales. Pour pénétrer sous cette porte, il fallait franchir d'abord sur un premier pont-levis le fossé de la ville qui arrivait jusqu'à la Garonne, puis décrire une conversion sur la droite, pour franchir de nouveau le fossé sur un second pont-levis, qui était celui de la porte elle-même [2].

Le livre terrier de 1669 (page 24, au ténement de la ville, n° 2) constate l'existence d'une troisième porte dite de *St-Sernin* ou du *Castel-Vielh*. Mais cette ouverture, à proprement parler, ne faisait pas partie de l'enceinte de la ville. Elle était pratiquée près de l'enceinte du château et communiquait par une passerelle avec la rive gauche de la Louge.

[1] Voyez un extrait de la charte de fondation de ce pont, aux Pièces justific.tives (pièce B) et le texte complet aux archives de Muret.

[2] L'existence de cette terrasse, ou passage extérieur, nous paraît démontrée par les quatre preuves suivantes :

1° Les deux livres terriers n'admettent pas qu'il existât une porte à l'enceinte de Muret sur le point où le pont de Garonne abordait la ville. Ils ne signalent que deux portes, celle de Salles et celle de Toulouse, le Mercadar étant, selon eux, entouré et par le rempart et par des maisons particulières payant l'impôt. Cette disposition existait encore dans le plan de Muret de 1811.

2° Nous avons déjà vu (Introduction, note 2) que, la veille de la bataille de Muret, Pierre II, après avoir enlevé d'assaut la ville neuve et rejeté les Croisés dans la cité et le château, fit évacuer sa conquête à l'apparition de Montfort, afin que ce dernier pût y pénétrer. Si le pont de Garonne avait eu un accès direct dans la cité par le Mercadar, Pierre II n'aurait pas eu besoin d'évacuer la ville neuve pour l'y laisser entrer. Il faut donc admettre que, pour entrer dans la cité, Montfort devait d'abord pénétrer dans la ville neuve. Son unique accès étant la porte de Sales, il faut bien qu'il ait existé un chemin extérieur communiquant du pont de la Garonne à la porte de Sales.

3° Nous verrons (ch. IV, § 2) qu'avant la bataille, Montfort sortit de Muret par la porte de Sales, puis feignit de fuir en se dirigeant vers le pont de Garonne (son unique ligne de retraite). Il fallait donc que, de la porte de Sales au pont de Garonne, il existât un passage à l'extérieur de la ville.

A l'intérieur de la ville neuve de Muret, nous devons encore signaler trois rues [1] : 1° la rue *de la Croix*, qui conduisait de la porte de Sales au château, en traversant le Mercadar (c'est par là que Montfort dut entrer dans Muret la veille de la bataille, en arrivant de Fanjaux) [2] ; 2° la rue de *Louge*, qui longeait le ruisseau de ce nom, depuis la porte de Toulouse jusqu'au château ; 3° la rue *Sabatère*, qui était parallèle à la rue de Louge.

Entre ces deux dernières rues, à moins de cinquante mètres de la porte de Toulouse, s'élevait en 1213 un vaste édifice dont l'emplacement est occupé aujourd'hui par le tribunal et la sous-préfecture, et qui était alors la résidence des prieurs de Saint-Germier [3]. Il y a des motifs sérieux de présumer que c'est dans cet édifice que vinrent descendre les sept évêques et les trois abbés qui suivaient Simon de Montfort pour négocier avec le roi d'Aragon en faveur de la paix [4].

4° Les vestiges de ce chemin extérieur se retrouvent encore dans les vieux plans d'alignement de Muret. Entre le pont-levis de la porte de Sales et la Garonne, on y voit l'amorce d'un deuxième pont-levis franchissant le fossé au point où celui-ci se jette dans la rivière. Placé sur un axe parallèle à la Garonne, il ne pouvait donner accès qu'à un chemin longeant la rivière, dans la direction du pont de Garonne. Il fallait bien que ce chemin fût en dehors de l'enceinte de la ville, car, s'il avait été à l'intérieur, la porte de Sales aurait suffi pour lui donner accès. (Voyez archives de Muret, plan d'alignement du 18 novembre 1811, et archives de la Haute-Garonne, projet de pont sur la Garonne, Répertoire n° 739). L'amorce de ce pont-levis a, du reste, subsisté jusqu'en 1829, et nous a été signalée par de nombreux témoins qui existent encore.

[1] Sur l'emplacement de ces trois rues et du Mercadar, voyez archives de Muret, plan d'alignement de 1811, et livres terriers de 1557 et 1669.

[2] *Canso* (v. 2987) : E intran a Murel par mei lo Mercadal.
Version en prose (p. 153 B) : «Loqual comte de Montfort passet sur lo pont an toutas sas gens, e per lo Mercadar dins la villa es intrat. »
Petr. V. S. (pag. 85 E) : «Transeuntes igitur nostri pontem, intraverunt Murellum. »

[3] Sur l'emplacement du prieuré de Saint-Germier, voyez aux Pièces justificatives (pièce C).

[4] Nous verrons, par le récit des chroniqueurs, que, tandis que Montfort s'était logé au château, les prélats vinrent habiter dans la ville neuve de Muret. Or, pour loger une aussi importante ambassade, il fallait un édifice considérable. Tous les documents locaux, et sur-

Telle est la situation dans laquelle Montfort trouva Muret le 11 septembre 1213.

La place était hors d'état de soutenir un siége.

Surprise sans approvisionnements, elle n'avait que pour un jour de vivres [1].

L'eût-on ravitaillée, ses fortifications étaient insuffisantes. La ville neuve présentait, à la porte de Toulouse, un saillant aigu où les machines de guerre auraient immédiatement fait brèche, ses approches n'étant pas défendues et le terrain qui l'entourait permettant de le battre en tir convergeant des deux côtés de la Louge.

L'enceinte de ce faubourg avait d'ailleurs des courtines sans élévation, des fossés sans profondeur [2], si bien que

tout les livres terriers, prouvent que le prieuré de Saint-Germier était immense et très-confortable. Il devait être le seul à offrir ces avantages. en 1213, dans le petit bourg de Muret, car son érection en commune ne datait que de quelques années, et, même en 1669, le prieuré est la seule habitation religieuse d'une grande importance signalée dans le bourg par le dernier registre terrier. Enfin, nous allons voir que la maison des prélats était si voisine de la porte de Toulouse que, les Vasco-Aragonais ayant enlevé cette porte au commencement de la bataille, leurs traits vinrent tomber jusque sur cet édifice. Cette particularité s'adapte parfaitement au prieuré, qui s'élevait à moins de 50 mètres de la porte de Toulouse.

[1] Petr. V. S. (pag. 84 C) : « Quia modica immo quasi nulla habebant victualia. »

Petr. V. S. (pag. 86 A) : « In castro Murelli non erant victualia quæ possint sufficere nostris in unum diem. »

Guill. de P.-L. (pag. 209 A) : «...... in castro non possent defectu victualium remanere. »

Baudouin d'Avesnes (f° 363) : « Ou chatel layen n'avait mie viandes a plus d'un jour ou deux. »

[2] Petr. V. S. (pag. 84 B) : « Nobile castrum sed quoad fortitudinem satis debile ;.... sed licet muris esset debile et fossatis...» Ce texte semble contredit par la version en prose de la *Canso*, qui, en racontant le premier assaut donné à Muret, la veille de la bataille, ajoute que les Croisés : « se son retirats dedin lo castel, loqual *era fort et défensible*, ainsin que on pot veser de present. » Mais, outre que cette version est très-postérieure à 1213, on observera qu'elle ne parle que *du château* et non de l'ensemble de la place dont parle P. des Vaux de Cernay. Relativement au château lui-même, ce dernier auteur reconnaît qu'il était : « *Aliquantulum fortius*.» (Pag. 84 C.) Cette expression un peu dédaigneuse peut encore s'expliquer en ce que la force du château était plus apparente que réelle. En effet, du côté de la Louge et de la Garonne, bâti derrière ces deux grands

les Vasco-Aragonais avaient déjà pu, le matin même, l'enlever d'assaut par un simple coup de main[1]. Or, la ville neuve une fois prise, le château devait se trouver bloqué, puisque son unique ligne de retraite était le pont de la Garonne, qu'on ne pouvait atteindre qu'en passant par le faubourg et par la porte de Sales. Le pont lui-même, étant en bois, pouvait être immédiatement incendié par la flotte ennemie, qui n'avait qu'à remonter la Garonne pour compléter l'investissement.

Cette situation nous explique pourquoi Montfort était accouru si précipitamment à Muret sans se donner le temps d'y amener des ravitaillements. S'il avait tardé de quelques heures, il aurait trouvé la place investie et réduite à capituler, faute de vivres. Car de la débloquer en passant la Garonne à la nage, il n'aurait pas fallu y songer, en présence d'un ennemi aussi supérieur en forces.

Inutile comme place de guerre, la position de Muret pouvait-elle servir à Montfort comme champ de bataille ?

Assurément le chef croisé aurait pu y soutenir la défensive avec avantage, étant assuré de sa ligne de retraite par la possession du pont de la Garonne, et se trouvant couvert sur sa droite par la Garonne et le château, sur son centre par les bords escarpés de la Louge, sur sa gauche par le marais de Rudelle.

Malheureusement sa situation politique ne lui permettait pas d'attendre ses adversaires. Ainsi que le dit Guillem de Puy-Laurens, Montfort ne pouvait ni battre en retraite ni

cours d'eau, sur un escarpement à pic de 15 mètres, qu'il dominait. en outre, par un énorme donjon, le château devait présenter un aspect formidable. Mais, du côté de la ville, toutes ces défenses pouvaient facilement être prises à revers. Après avoir enlevé la faible enceinte du faubourg et de la ville, l'assaillant aurait pu non-seulement bloquer le château, mais battre en tir convergeant le saillant de la tour *prime* des deux côtés de la Louge. (Voyez Pièce justificative A). On comprend que l'auteur de la version en prose, qui paraît peu au courant des questions militaires, n'ait remarqué que la force apparente du château, tandis que P. des Vaux de Cernay a dû être renseigné d'une façon plus technique par les entretiens de son patron Simon de Montfort.

[1] Voyez ci-dessus (Introduction, note I).

temporiser [1]. Isolé en plein pays ennemi, à plus de cent lieues de sa base d'opérations, il ne contenait que par sa ferme attitude les populations frémissantes. Non-seulement le moindre mouvement en arrière aurait donné le signal d'une explosion générale, mais un simple retard pouvait laisser à une armée ennemie le temps de se former sur ses derrières et de lui couper les vivres et la retraite. Il lui fallait donc à tout prix vaincre et vaincre vite, et par conséquent attaquer lui-même si on ne l'attaquait pas.

Cet esprit audacieux ne craignit pas d'accepter cette dernière perspective. Nous verrons bientôt que, tout en faisant son possible pour attirer l'ennemi sur la rive droite de la Louge, Montfort se mit en mesure de prendre l'offensive et d'aller attaquer ses adversaires même sur la rive gauche.

Pour réaliser un plan aussi hardi, examinons quel était l'effectif dont il disposait.

[1] Guil. de P.-L. (pag. 208 C et D) : « Comes Simon, præsumens quod, si forte castrum adversariis resignaret, tota terra insurgeret contra eum et aliis adhæreret, et essent novissima graviora prioribus, ... satius duxit una die periculum experiri, quam languida prolixitate adversariorum adaugere audaciam. »

CHAPITRE II

EFFECTIF DES DEUX ARMÉES

D'après P. des Vaux de Cernay, l'armée de Montfort comprenait trente chevaliers qu'il avait trouvés dans Muret avec un petit nombre de fantassins mal armés, plus trente autres chevaliers qu'il avait conduits en personne, plus un troisième contingent de peu d'importance qui lui avait été amené dans la soirée par le vicomte de Corbeil [1]. Malgré des divergences insignifiantes, les chroniqueurs des deux partis sont unanimes à reconnaître que l'ensemble de ces effectifs ne dépassait pas sept cents fantassins et de huit cents à mille cavaliers (soit neuf cents en moyenne)[2].

[1] Petr. V. S. (p. 84 B) : « Rex... venit ante Murellum, quod.... erat munitum *militibus triginta* et *paucis peditibus*, quos nobilis comes Montisfortis ibi ad custodiam castri dimiserat. »
Id. (p. 86 D) : « *Paucissimos* et quasi nullos *pedites* nostri habebant. »
Id. (pag. 85 A) : « Erant autem cum comite.... *milites* circiter *triginta:* nuperrimè venerant....»
Id. (p. 86 A) : « In ipsa autem nocte vicecomes Corboliensis et *pauci milites* Francigenae.... intraverunt Murellum. »
[2] Jacques d'Aragon (al. 9, pag. 16) : « En Simon de Montfort era en Murel be ab DCCC homens a caval, en tro en M. »
Petr. V. S. (pag. 86 D) : « Omnes autem nostri inter *milites* et *servientes in equis* non erant plus quam *ortingenti.* »
Guil. de P.-L. (p. 208 E, 209 A) : « Erant cum ipso comite.... ad numerum *mille armatorum.* »
Baudouin d'Avesnes (fol. 353, verso, col. 2) : « N'étaient mie plus de VIIIᵉ entre *chevaliers et sergens* ».
B. Guidonis (pag. 227 B) : « Comes Simon, habes tantum usque ad *mille* numerum armatorum. »
G. le Breton (p. 92 D) : « Ille autem, cum non haberet nisi *ducentos et sexaginta milites* et circiter *quingentos* satellites *equites* et peregrinos *pedites* fere *septingentos* inermes. »
Philippide (v. 587, 588) :
Cujus erant *equites* cum *quadragenta ducenti*
Septuagenta (*septingenti*) in equis *famuli, pedites* que *trecenti.*
Grande chronique de Saint-Denis (pag. 103 B) : « Li cuens n'avait

En admettant que le faible contingent du vicomte de Corbeil contînt autant de chevaliers que les deux autres, ces neuf cents hommes à cheval ne pouvaient compter au plus que 90 chevaliers, puisque les deux premières troupes n'en avaient que 30 chacune. Les 810 hommes restants devaient donc se composer de l'escorte d'hommes d'armes qui suivait tout chevalier en campagne, soit neuf hommes d'armes pour un chevalier.

D'après ces données, l'armée croisée comprenait 90 chevaliers, 810 écuyers ou hommes d'armes, et 700 fantassins.

Sur les effectifs vasco-aragonais nous ne possédons pas des renseignements aussi précis. Voici tous ceux que nous avons pu réunir :

Si l'on considère d'abord cet armement dans son ensemble, on ne peut méconnaître que, sur le versant oriental des Pyrénées, il eut tous les caractères, non d'une simple *chevauchée*, mais d'une véritable *host nationale*.

Tout favorisa le soulèvement. Après cinq années de succès foudroyants par lesquels il avait plutôt déconcerté que décimé ses adversaires, Montfort se trouvait à cette heure abandonné par la plupart des Croisés, retournés dans le Nord. Obligé, pour faire tête à l'orage, de rappeler ses faibles contingents des garnisons où ils étaient éparpillés, il dut laisser toutes ses conquêtes sans surveillance. Qui voulut aller rejoindre le roi d'Aragon put donc y aller, et les chroniqueurs des deux partis constatent qu'on ne s'en fit pas faute [1]. On se croyait si sûr de la victoire, que les

que CC *et* XL *chevaliers*, D *sergens à cheval* et pelerins *à pie* toz désarmés, entor *sept cens*. »

Aubry de Trois-Fontaines (pag. 897) : « Cum non haberet nisi 220 *milites* et circiter 30 *satellites equites* et peregrinos *pedites* fere 700. »

Vincent de Beauvais (liv. XXX, ch. ix) : « Cum non haberet secum nisi 200 *et* 60 *milites* et circiter *quingentos equites satellites* et peregrinos *pedites* vero *septingentos* inermes. »

[1] Version en prose de la *Canso* (pag. 152 D) : « Era tant grand lo monde per aquela hora en ladita assemblada, que no era home que la saubessa nombrar...... qui fossa estat aleras dedins Tolosa aguerra dict que tot lo monde devia pery et prendre fy.....»

Guil. de P.-L. (pag. 208 A, B) : « Rex Aragonum exiit in manu valida.... Etenim exercitum de terris vicinis convenerunt.... Non est par cum tam paucis contra.... tantam multitudinem experiri. »

Petr. V.-S. (p. 81 A, B) : « Rex Aragonensis cum infinita equi-

troubadours la célébraient d'avance[1]. La rumeur populaire portait le chiffre de l'armement vasco-aragonais jusqu'à cent et deux cent mille hommes, exagération que nous ne citons que comme une preuve de l'importance qu'avait prise ce soulèvement dans l'opinion publique[2].

Quant aux Espagnols, bien qu'ils ne fussent pas directement intéressés dans la lutte, cependant ils envoyèrent à Muret une armée plus considérable que ne paraissait comporter leur rôle de simples auxiliaires[3].

Pendant environ un an, le roi d'Aragon prépara cette expédition par deux voyages à Toulouse et à Perpignan, ainsi que par de nombreuses excursions dans ses propres états[4]. Là nous le voyons faire des concessions importantes aux grands vassaux qu'il voulait attacher à sa cause[5], réaliser d'importantes ressources en capitaux, soit en épuisant

tum multitudine ingressus est Vasconiam.... Fit in tota terra illa sermo de adventu regis celeberrimus, gaudent indigenæ plures, plures apostatant, reliqui ad apostatandum se parant.»

(Voyez encore dans le même sens : *Relation officielle; B. Gui; Canso de la Crozada ;* Aubry de Trois-Fontaines ; Vincent de Beauvais ; G. le Breton ; Chronique de St-Denis ; Chronique de Waverley ; Chronique de Reiner de Liége ; Çurita).

[1] Poésies de Raymond de Miraval (*Parnasse occitanien,* p. 229).

[2] Petr. V.-S. (pag. 86 D) : « Hostes centum millia esse crederentur.»

Baudouin d'Avesnes : « En l'ost, le roy d'Arragon en avait bien *C mille.* »

Philippide (v. 579) : Convenerunt omnes numero bis millia centum.

[3] L'importance de l'armement espagnol peut s'expliquer par ce fait qu'en attaquant Montfort, Pierre II ne venait pas seulement au secours de son allié le comte de Toulouse : il préparait, en outre, à la Couronne d'Aragon une immense extension de ses domaines dans les pays de langue d'oc. Ces populations, mal défendues par Raymond VI, appelaient visiblement la domination aragonaise. (Voyez les preuves de ce fait, ci-dessous, chap. vi et pièce justificative E.)

[4] Les principales de ces excursions eurent lieu à Teruel, Daroca, Exerica, Lerida, Alagon, Saragosse, Toulouse, Perpignan, Barcelone, Lascavarre, Huesca. (Voyez à Barcelone, archives de la Couronne d'Aragon, registre des actes de don Pèdre, pièces n°s 410, 413, 425, 433, 434, 435, 436. — Voyez aussi, archives des Pyrénées-Orientales, procuratio Real ; reg. XXII et XXVIII. — Voyez aussi Çurita, Anales de la Coroña de Aragon, liv. II, pag. 100.)

[5] Voici les principales de ces concessions féodales : à Nuño Sanxès, pour sa vie seulement, le comté de Roussillon, de Cerdagne et de

les trésors des églises, soit en opérant des emprunts pour lesquels il engagea des villes entières [1]. Il alla même jusqu'à engager à des juifs et à des sarrasins les revenus de ses propres domaines. Il épuisa si bien son patrimoine qu'après sa mort, à Muret, il en resta à peine assez pour subvenir à l'entretien de son fils mineur, l'infant don Jacques [2]. La cour de Rome fut si préoccupée de ces préparatifs mili-

Conflans. En novembre 1212 : au sénéchal Raymond de Moncade, les châteaux et villes de Scross, Aitona, Soses, Regali, Pores, Capra et les possessions royales de Conca-de-Barbera, Cubells, Camarasa et Villa-Grassa. En décembre 1212 : à la famille d'Eximen de Artussela, l'affranchissement de ses obligations antérieures, montant à 3,000 sols. En février 1212 : à Olivier de la Peña, à Guilhem de Valle, à Olivier et à Amelius Aldeger, au vicomte Ysarn, à G. de Rocafort, à R. Guilhem et à Riquier, le château de Pene d'Albigeois, avec la garantie du vicomte de Torena. En août 1213 : à Guillaume de Calasanç, le château et la ville de Calasanç, que ce dernier tenait auparavant pour le comte d'Urgel. En février 1212 : à Raymond de Torena, le château de Pals, pour sa vie seulement, et en considération de «*multa et grata servitia quos.... volente Deo facietis.* » — (Voyez archives d'Aragon, registre des actes de Pierre II, pièces 416, 425, 433, 440, 450, 439.)

L'insistance dont usa Pierre II auprès de son aristocratie pour l'entraîner à l'expédition de Muret est du reste longuement développée par la *Canso* dans les vers 2755 à 2789, et surtout aux vers :

2773. E pregue mos amics, sels quem volen ondrar,
2774. Ques pesson de garnir e de lor cors armar. .

[1] Voyez cinq emprunts ou réalisations considérables faites par le roi d'Aragon auprès du roi de Navarre, de Pierre de Navascos et du monastère de Sexena, en 1212 et 1213 (Archives d'Aragon, pièces 441, 443, 448, 449).

Canso, vers 2780 : Cascus al melhs que poc se pres a enansar ;
Baratan e malevau per lors cors arrezar.

Beuter (pag. 109, chap. XX, liv. II) : « Assi el rey empeño muchas vilas, y tomo de los dineros de las yglezias, y algunos thesoros dellas tambien, per hazer gente. » C'est probablement pour dédommager l'ordre de Citeaux d'une mesure de ce genre que Pierre II lui donna, le 10 des kalendes de décembre 1212, le château et la ville de Scarp, la ville de Maçacoralhx, le château et la ville de Orbaynanero, la tour de la Moça et le domaine de Monçon. (Archives d'Aragon, pièce 431.)

[2] Petr. V. S. (pag. 81 A) : « Insuper, sicut audivimus, partem terræ suæ non modicam pignori obligavit, ut haberet unde conducere, posset stipendiarios....»

Jacques d'Aragon (al. 12, p. 20) : « Tota la renda que nostre pare havia en Arago e en Catalunya era empenyorada tro els juheus e els

taires, qu'elle intervint personnellement auprès de Pierre II pour y faire obstacle, mais sans succès [1].

Les troupes que leva ainsi le roi d'Aragon étaient si supérieures en nombre à celles des Croisés que, lorsque les deux armées se trouvèrent en présence à Muret, Pierre II repoussa avec indignation certaines précautions militaires que lui conseillaient les Gascons, ses alliés [2]. Son témoignage nous paraît important à invoquer, parce qu'on a prétendu que la supériorité des troupes vasco-aragonaises n'était qu'apparente et ne consistait que dans l'infanterie. S'il en eût été ainsi, jamais le roi d'Aragon n'aurait vu dans ce fait un motif de dédaigner son ennemi ; car un militaire tel que lui ne pouvait ignorer le peu d'importance qu'avaient alors les troupes à pied.

Maintenant que nous connaissons la physionomie générale de l'armée vasco-aragonaise, entrons dans le dénombrement de chaque corps qui la composait.

L'aristocratie catalane et aragonaise est portée par les chroniqueurs pour un effectif de *mille chevaliers*. Dom Vaissète emprunte ce chiffre à une version de Roderic de Tolède, et nous le trouvons encore aujourd'hui dans la *Canso de la Crozada*, dans la version en prose de ce poème et dans l'histoire du troubadour Raymond de Miravail [3].

Toutefois, mille chevaliers représentent un effectif si considérable, qu'on s'est demandé s'il était possible, eu

sarrayns, et encara les honors, que eren DCC cavallerias en aquel temps, e nostre pare lo rey don Pere, haviales totes donades e venudes, de CXXX enfora ; e no havien à J dia, quant nos entram en Montso, que mentjar, si era la terra destroyda e empenyorada. » Ces sacrifices d'argent se comprennent si l'on observe que, d'après la *Canso*, don Pedre devait prendre l'armée entière à sa solde : *Que totz pagatz les a* (vers 2745).

[1] Sur les instances de la cour de Rome, voyez archives d'Aragon, pièces 441, 452.

[2] Sur cet incident, voyez ci-dessous, chapitre III (pag. 31 et 32).

[3] Roderic de Tolède (liv. VI, ch. IV), d'après dom Vaissète (*Histoire de Languedoc*, liv. XXII, note 9). Les Bénédictins admettent ce chiffre de *mille chevaliers*, mais ils ne le comptent que pour mille *cavaliers*, puisqu'ils n'y ajoutent aucune escorte d'hommes d'armes. Nous ne pouvons considérer ce calcul que comme une omission involontaire, nul chevalier n'ayant jamais levé son pennon sans être suivi d'un écuyer et d'un sergent, ce qui élève l'effectif à 3,000 hommes.

égard aux forces militaires du royaume d'Aragon en 1213.

A défaut de montres officielles, nous possédons, pour contrôler ce chiffre, quatre éléments de comparaison, dont quelques-uns reposent sur des pièces officielles :

1º Un an avant la bataille de Muret, Pierre II amena au roi de Castille une armée qui l'aida à vaincre, à la bataille de las Navas de Tolosa, le chef musulman Miramolin. Ces contingents furent fournis par la Catalogne presque seule (les Aragonais étant en ce moment mécontents de leur souverain). Ils composèrent une armée de 20,000 fantassins et 3,500 cavaliers, parmi lesquels mille chevaliers environ.

2º Après la bataille de Muret, les forces militaires du royaume d'Aragon furent décimées par près de quinze années de guerres civiles, pendant la minorité du roi Jacques. Et cependant, à la fin de la seizième année, le roi, ayant entrepris la conquête de Majorque, put encore lever, pour le premier embarquement, plus de *douze cents chevaliers* que les renforts successifs accrurent jusqu'au nombre de près de *dix-huit cents*. Ce furent encore les seules corts de Catalogne qui fournirent la presque totalité de ce contingent.

3º En 1238, le roi don Jacques voulut assiéger Valence. Bien que la plupart des troupes fussent aussi catalanes, elles purent encore fournir *mille chevaliers* et soixante mille combattants à pied.

Si la Catalogne, à elle seule, pouvait atteindre et dépasser si aisément le chiffre de mille chevaliers, à plus forte raison cet effectif ne devait-il pas excéder les forces militaires du royaume d'Aragon tout entier [1].

Canso (v. 2743) : Er ses mes en la guerra, e si ditz que viudra
  Ab be *M cavaliers*, que totz pagatz les a.
Version en prose (pag. 151 E) : « Et adonc per li venir donar secours fec mettre a point et armar *milla cavalhés*... Per dessa s'en es vengut *an los dits cavalhés*. »
Vie de Raymond de Miravail (B. nat., ms 1749, fº 203, rº, col. 2) :
« Quel reis vene ab *mil cavaliers* a servizi del comte de Toloza per la promessio quel avia faita.... don lo reis fo mortz per los Franses, ab totz los *mil cavaliers*. »

[1] Sur le chiffre exact des chevaliers qui prirent part à ces trois

3

4° Enfin, dans les querelles féodales que soutinrent les seigneurs aragonais et catalans pendant les guerres civiles qui suivirent la bataille de Muret, nous voyons les grandes familles lever, pour leurs intérêts privés, des armées de *400* et *500 chevaliers*. Tels sont, en particulier, les effectifs de la querelle des Moncade et de celle des Cabrera [1]. Lorsque de simples *chevauchées* féodales pouvaient produire d'aussi forts armements, on peut bien en admettre le double dans les *host* nationales, où tous ces contingents se réunissaient.

Ces quatre exemples nous portent à conclure qu'il n'y a rien d'impossible à ce que Pierre II ait promis aux Gascons un secours de mille chevaliers. Il savait qu'il pouvait les fournir.

Nous inclinons à penser que sa levée militaire consista à appeler pour l'expédition de Muret les mêmes contingents qu'il avait conduits à celle de las Navas. Un chroniqueur catalan affirme que ce furent en effet les mêmes hommes qui parurent sur les deux champs de bataille [2]. Il faut

expéditions de las Navas de Tolosa, de Majorque et de Valence, voyez la dissertation, avec les documents à l'appui, que nous avons insérée aux Pièces justificatives (Pièce D, à la fin de ce volume).

[1] On ne se fait pas une opinion suffisante de l'importance militaire de l'Aragon et de la Catalogne au XIIIe siècle. Cette dernière province était déjà riche, très-peuplée et pleine d'enthousiasme pour les aventures militaires. Le pays était d'ailleurs couvert de châteaux appartenant à une aristocratie nombreuse et fortement unie par l'esprit de famille.

Dans une chevauchée contre les Maures, la seule lignée de Pero Aones fournit 60 chevaliers. (Voyez *Chronique de Jacques d'Aragon*, al. 21, pag. 42) : « Trobam don Pero Aones qui venia be ab L o ab LX *cavalers*. »

A la chevauchée d'Urgel contre Guéraud de Cabrera, le seul parti du roi comptait 400 chevaliers (J. d'Aragon, al. 40, pag. 68): « E puys anammosen à Balaguer per assetiar ell... e foren ab nos tro à CCCC *cavallers*. »

En 1223, à la chevauchée contre les Moncade, il y eut 130 chevaliers d'un côté et 400 de l'autre (Jacques d'Aragon, al. 21, pag. 34): « Anam sobre el, e tolguem li CXXX forces entre torcs e castels a el e a son liynatge... E sobre aço assetiar Muntcada... e entre tots podien esser CCCC *cavallers*, e els de dins podien esser CXXX *cavallers*. »

[2] *Libre dels feyts de Catalunya* (al. 22, pag. 312-313), sur la bataille

d'ailleurs reconnaître que les conditions étaient les mêmes. Dans ces deux combats, Pierre II ne parut que comme simple auxiliaire ; il n'y eut entre eux qu'un an d'intervalle, et les contingents en chevaliers furent identiques.

Mais si Pierre II appela mille chevaliers à Muret, cet effectif ne parut pas au complet sur le champ de bataille : la chronique de Jacques d'Aragon nous apprend que Nuño Sanchez, comte de Roussillon, et le comte de Moncade arrivèrent trop tard pour prendre part au combat. Or nous savons qu'à l'expédition de Majorque ces deux seigneurs fournirent au moins cent chevaliers chacun[1]. Nous devons donc réduire à 800 l'effectif des chevaliers espagnols qui, d'après les quatre auteurs que nous invoquons, purent être présents sur le champ de bataille de Muret.

Tel est l'ensemble de documents sur lequel nous demandons à établir le calcul suivant : si l'on admet l'exactitude de nos quatre auteurs, on reconnaîtra que l'effectif en chevaliers espagnols présents au rendez-vous de Muret dut être de 800. Si ce chiffre ne paraît pas suffisamment démontré, on devra du moins convenir que l'effectif de cette host nationale ne put être inférieur à celui de 500 chevaliers, qui, d'après Jacques d'Aragon, composa les simples chevauchées féodales postérieures à la bataille. Le contingent d'aristocratie espagnole qui combattit à Muret doit donc être fixé, selon nous, entre *cinq cents* et *huit cents* chevaliers.

Quant aux hommes d'armes qui leur servaient d'escorte, on ne saurait réduire leur nombre au-dessous d'un écuyer et d'un sergent par chevalier, puisque jamais seigneur ne leva son pennon sans posséder au moins cette suite. Elle suffit pour tripler l'effectif des combattants à cheval, soit 1500 cavaliers, si l'on admet le premier chiffre de 500 chevaliers, et 2400, si l'on se range au second.

de Muret : « Ab ell axi de Catalunya cum d'Arago hi havia molts e bons cavallers... *qui tambe larien accompanyat a la batalla Dubeda.* (On sait que la bataille de las Navas porte aussi en Espagne le nom de Ubeda.)

[1] Jacques d'Aragon (al. 9, pag. 16) : « Mas be sabem per cert que don Nuño Sanchez e en G. de Moncada no foren en la batalya.»

Sur les contingents qu'amenèrent à Majorque Nuño Sanchez et Moncade, voyez notre dénombrement aux Pièces justificatives (pièce D).

Sur ce nombre nous présumons que la *maynada* qui entourait la personne du roi d'Aragon dut représenter en tout (chevaliers ou hommes d'armes) un effectif de 500 cavaliers. Notre motif, c'est qu'à la bataille de las Navas, où elle combattit aussi, elle s'élevait à ce chiffre, et que les seigneurs qui la composaient sont presque identiquement les mêmes que ceux qui combattirent à Muret, autour du cadavre du roi, dans les rangs de cette même maynade [1].

Quant à l'aristocratie gasconne qui figura sur le champ de bataille de Muret, les Bénédictins admettent qu'elle put être égale en forces à l'aristocratie espagnole, soit 1500 cavaliers au minimum. Nous nous rangerons à leurs conclusions pour le motif suivant : tous les chroniqueurs reconnaissent que les contingents gascons se composaient des effectifs du comte de Toulouse, du comte de Comminges et de celui de Foix. Or, Beuter affirme [2] que ce dernier, comme simple auxiliaire, avait conduit à las Navas 500 cavaliers; à plus forte raison dut-il en amener autant à

---

[1] Beuter (liv. II, chap. xx, pag. 103) compose de la manière suivante la maynade de las Navas : « *Don Lopez de Luna, don Blasco de Alagon, Miquel de Luzia, don Ferrando de Luna,* don Eximen Deslor, *don Aznar Pardo, don Eximen Cornel, don Garcia Romeu, don Pedro Pardo.* Y otros cavalleros con estos que con los que trahian en su compania hazian *quinientos de cavallo.*»

Sur la maynade de Muret, nous retrouvons les mêmes noms propres dans les documents suivants :

Jacques d'Aragon (al. 9, pag. 16) : « E foren ab el Darago *don Miquel de Luzia,* e *don Blascho Dalago,* e *don Riderich Liçana,* e don Ladro, e *don Gomes de Luna,* e don Miquel de Rada, e don G. de Puyo, e don *Açnar Pardo,* et daltres *de sa meynada molts.*»

Roderic de Tolède (pag. 230 C) : « Occubuerunt etiam cum eo in bello, de magnatibus Aragonis *Anzarius Pardi* et *Petrus Pardi,* filius ejus, et *Gometius de Luna,* et *Michaël de Lusia,* et *multi alii* de potioribus Aragonis.»

Marca (pag. 233 B) :« In illo prœlio mortui sunt cum rege *Aznard Perdo* et *P. Pert,* ipsius filius, et *Gomes de Luna,* et *Michaël de Lutia,* et *plures alii* barones Aragoniæ.»

Çurita (liv. II. pag. 100) : « Fueron con el rey... *Don Ximenes Cornel, don Garcia Romeu...* Alli se hallaron con el... *don Blasco de Alagon, don Rodrigo de Liçana...*»

[2] Beuter (liv. II, chap. xx, pag. 106) : « El *conde de Foix....* y otros nobles cavalleros Foxanos hasta en numero de *quinientos de cavallo.*»

Muret, où il combattait chez lui *pro aris et focis*. Enfin, si telles étaient les ressources militaires de ce seigneur, on doit en admettre au moins autant parmi les nombreux vassaux ou alliés du comte de Comminges, et surtout du comte de Toulouse : soit en tout 1500 cavaliers.

Ainsi, en admettant les évaluations les plus modérées et probablement inférieures à la vérité, on peut élever la cavalerie vasco-aragonaise au moins à 1500 hommes pour chaque nationalité, en tout *trois mille hommes à cheval.*

Combien cette même armée comptait-elle de fantassins ? On doit les répartir en deux groupes bien différents :

Il y eut d'abord les milices féodales. Nous verrons qu'à Muret elles combattirent en tirailleurs, avec l'avant-garde, au début de la bataille [1].

Outre ce contingent, les villes de Montauban et de Toulouse envoyèrent à Muret leurs milices bourgeoises, qui n'engagèrent l'action que lorsque la bataille était déjà perdue [2]. Ce genre de troupes, autrement instruites et équipées que les milices féodales, formait une arme très-sérieuse, qui aurait pu rendre de grands services, si ses chefs avaient su en faire usage, comme on le vit, un an après, à la bataille de Bouvines.

[1] Les Bénédictins (*Histoire de Languedoc*, liv. XXII, note 9) prétendent que l'infanterie ne combattit pas à Muret. Ils révoquent même en doute qu'il y ait eu parmi les Vasco-Aragonais une infanterie féodale, et en donnent pour motif *qu'il n'est fait mention nulle part que le roi d'Aragon en ait levé dans ses Etats.* A notre avis, il suffit que les chroniqueurs mentionnent l'enrôlement des seigneurs espagnols pour qu'on doive en conclure nécessairement qu'ils furent suivis de leurs vassaux à pied. Jamais seigneur du XIII° siècle ne se serait mis en campagne sans cette escorte, qui était indispensable aux travaux inférieurs du campement et du train, travaux auxquels un cavalier ne se serait pas abaissé. Enfin, si les seigneurs espagnols n'amenèrent pas leur infanterie féodale, assurément les Gascons amenèrent la leur. Au surplus, pour la bataille de Muret, les chroniqueurs signalent formellement et les milices féodales et les milices bourgeoises, troupes bien distinctes qui combattirent à part, les unes au commencement, les autres à la fin de la bataille. (Voyez ci-dessous, chap. IV, § 1 et § 5.)

[2] Voyez ci-dessous, chap. IV. § 5.

D'après Caffaro, l'infanterie vasco-aragonaise s'éleva à
60,000 hommes, d'après Guillaume le Breton à 40,000 [1]. Il
paraît difficile de descendre au-dessous de ce dernier chiffre
si l'on admet, avec tous les chroniqueurs, que cette infanterie perdit dans la bataille de 15,000 à 20,000 hommes [2].
Les Bénédictins acceptent l'évaluation de Guillaume le
Breton, en l'appliquant aux seules milices bourgeoises.
Nous l'accepterons aussi, mais en l'appliquant aux deux
contingents réunis.

Nous ne saurions, en effet, admettre, malgré l'autorité de
dom Vaissète, que les seules villes de Toulouse et de Montauban aient pu, en 1213, fournir 40,000 combattants. L'enrôlement des milices bourgeoises du moyen-âge avait de
grandes analogies avec celui de nos gardes nationales modernes, lesquelles atteignent difficilement au tiers de nos
populations urbaines. Quarante mille miliciens représenteraient donc une population de plus de 120,000 âmes, ce
qui nous paraît exorbitant pour les villes de Montauban et
de Toulouse au XIIIe siècle.

On constatera d'ailleurs, en lisant le récit de la bataille
(ch. IV, § 5), que Guillaume le Breton ne donne ce chiffre de
40,000 hommes qu'en parlant de la dernière attaque faite
par les milices bourgeoises. Or, nous verrons qu'au moment où cette attaque eut lieu, les milices féodales, déjà rom-
pues (mais non détruites) depuis le commencement de la
journée, n'avaient guère pu trouver d'asile que dans le camp
toulousain. Elles devaient donc se trouver confondues avec
les milices bourgeoises au moment où ces dernières s'avan-
cèrent pour assaillir Muret. Dans cette situation, G. le
Breton, qui n'a dû connaître ces effectifs que par les évaluations *au jugé* faites par les Français, a bien pu confondre
dans une seule désignation l'ensemble des forces qui se
massaient alors sous les murs de la place.

On nous permettra d'ailleurs de justifier notre interprétation du chroniqueur français par quelques rapproche-

---

[1] Caffaro (in *Muratori*, tom. VI, liv. IV, pag. 40) : « Cum essent
sexaginta milliaria. »
Philippide (v. 810. 811) : Stabat adhuc *Tolosana phalanx* prope fluminis undas.
Millia dena quater in papilionibus altis.
[2] Voyez ci-dessous, chap. IV, § 7.

ments pris en Espagne. L'expédition de las Navas contre les Musulmans avait dû passionner tout autant les Espagnols que celle de Muret pouvait intéresser les Gascons. Or, à las Navas, les villes royales d'Aragon envoyèrent 10, 000 hommes de milices bourgeoises [1]. Sur ces bases, on peut admettre que Toulouse et Montauban en aient pu envoyer 20,000 à Muret, ce qui porte leur population totale à plus de 60,000 âmes. Quant aux 20,000 hommes qui resteraient (sur les 40,000 de Guillaume le Breton), ils représenteraient les milices féodales.

Pour compléter notre dénombrement, ajoutons que les Toulousains amenèrent à Muret de nombreuses machines de guerre, dont six au moins furent employées pendant la bataille [2].

Voici donc, en résumé, le tableau très-approximatif de l'effectif des deux armées en présence :

ARMÉE CROISÉE

Chevaliers	90	
Ecuyers ou sergents à cheval	810	1600 hom.
Fantassins	700	

ARMÉE VASCO-ARAGONAISE

Cavalerie	Espagnole (au minim.).	Chevaliers	500	1500	3000 cava-	43000 hom.
		Ecuyers ou sergents	1000		liers, dont	
	Gasconne...	Comte de Foix (chevaliers ou serg.)..	500	1500	500 de maynade.	
		Comte de Comminges (idem)	500			
		Comte de Toulouse (idem)	500			
Infanterie	Milices bourgeoises		20000	40000 fantassins.		
	Milices féodales		20000			
	Machines de guerre		6			

[1] Beuter (liv. II, chap. XX) : « De las ciudades y villas reales de Aragon se juntaron *diez mil hombres a pie.* »

[2] Version en prose de la *Canso* (pag. 152 D et E) : « Lodit C. Ramon a faict cargar tots los engins que dins la dita villa eran per los portar aldit Muret... Et adonc an feict adressar lors peyrieras et autres engins. »

Mouskes (v. 22352, pag. 281) : Pierieres et mangonniaus VI
I dreça li roi d'Aragonne.

CHAPITRE III

PRÉLIMINAIRES DE LA BATAILLE

On vient de voir combien les Croisés avaient le désavantage du nombre. Mais ils pouvaient trouver une compensation dans les mauvaises conditions morales des Vasco-Aragonais.

La confiance était loin de régner entre Raymond VI et Pierre II. On a trop dit que ce dernier était venu en Gascogne pour secourir son beau-frère. Ce seul motif n'expliquerait pas un aussi dispendieux armement. A notre avis, le but du roi d'Aragon était aussi d'étendre sa domination sur les populations de langue d'oc, qui l'appelaient de tous leurs vœux, depuis que le comte de Toulouse avait montré son impuissance à les défendre.

Pierre II tenait si peu à Raymond VI qu'au début de la croisade il l'avait laissé écraser et avait même convenu avec Montfort de marier son fils don Jacques avec une fille du comte, sous la condition que cette dernière apporterait en dot les conquêtes des Croisés ; c'est-à-dire, en bon français, les dépouilles du comte de Toulouse. Le roi d'Aragon ne se déclara contre Montfort que lorsque celui-ci ne voulut lui accorder sur ces conquêtes qu'un simple droit à l'hommage féodal. Si les seigneurs gascons l'attirèrent dans leur cause, ce fut en lui promettant, au contraire, le domaine direct sur leurs terres, et le souverain espagnol les prit si bien au mot qu'il leur envoya ses bayles, pour installer dans leurs châteaux son administration royale. L'aristocratie gasconne essaya bien alors d'éluder ses promesses (et par des moyens peu avouables) ; mais ce fut précisément dans ces circonstances que le roi d'Aragon leva son armée et fit l'expédition de Muret. Ce qu'on lui avait promis, il venait le prendre. L'apparition de cette armée dut donc éveiller bien des appréhensions parmi les

seigneurs indigènes. Si, en mettant aux prises Pierre II
et Montfort, ils avaient espéré de pouvoir conserver, à l'encontre de tous les deux, leur propre indépendance, elle dut
maintenant leur paraître plus menacée encore par l'armée
espagnole que par les troupes françaises, vu la situation
précaire où Montfort semblait être à cette heure [1].

A ces motifs de défiance générale vinrent s'ajouter des
dissentiments plus personnels, lorsque Pierre II et Raymond VI voulurent arrêter leur plan de bataille.

Le roi était un militaire de l'ancienne école. Vrai héros
de roman épique, il considérait toute stratégie comme une
lâcheté ; comme un déshonneur, toute précaution à l'encontre
d'un adversaire inférieur en nombre. Pour tout plan de
bataille, son unique avis fut de s'attribuer le poste le plus
périlleux [2] et d'endosser les armes d'un de ses sujets, pour
pouvoir, sous ce déguisement, chercher plus à l'aise l'occasion de quelque prouesse [3]. Il avait passé avec une concu-
bine la nuit qui précéda la bataille, et le lendemain, lors-
q l'on célébra la messe devant lui, il était si las de plaisirs,
qu'il négligea de se tenir debout pendant l'évangile [4].

Son impatience de combattre était telle qu'il ne voulut
souffrir ni négociations, ni délai. Deux de ses principaux
vassaux, Nuño Sanchez et Moncade, n'étaient pas encore
arrivés. Malgré les instances de leurs courriers, le roi
refusa de les attendre [5]. Les sept évêques et les trois abbés
qui accompagnaient Montfort voulaient le réconcilier avec

---

[1] Sur ces intrigues politiques, voyez nos Pièces justificatives (pièce
E).

[2] Petr. V. S. (pag. 87 B) : « Ipse enim utpote superbissimus, in
secunda acie se posuerat, cùm reges semper esse soleant in extrema. »

[3] Petr. V. S. (pag. 87 B) : « Insuper arma sua mutaverat, armis
que se induerat alienis. »

Baudouin d'Avesnes, f° 363 : « Le roy avait cangié ses armes. »

[4] Jacques d'Aragon (al. 9, pag. 17) : « E aquel dia que feu la batayla, havia jagut ab una dona.... que anch al evangeli, no poc estar
en peus, ans sasech en son seti mentres deya. »

[5] Jacques d'Aragon (al. 9, pag. 17) : « Be sabem per cert que don
Nuño Sanxes, e en G. de Montcada.... no foren en la batayla, ans
enviaren missatge al Rey quels esperas ; el Rey nols volch esperar : e
feu la batayla ab aquels qui eren ab el. »

Pierre II. Celui-ci refusa même le sauf-conduit qui leur était nécessaire pour pénétrer jusqu'à lui : « *Puisque vous venez avec une armée, vous n'avez pas besoin de sauf-conduit* », leur fit-il dire ironiquement. — « *Mais*, objectaient les prélats, *les Toulousains consentent à négocier.* » — « *Allez donc les trouver à Toulouse !* » répliqua le facétieux souverain. Et comme, dans une troisième ambassade, on s'efforçait de l'intéresser à des adversaires aussi inférieurs en nombre : « *Puisqu'ils ne sont que quatre ribauds, s'écria Pierre II, ce n'est pas la peine de négocier pour si peu !* [1] »

Tout cela ne faisait pas l'affaire de Raymond VI, qui savait par expérience qu'avec Montfort les précautions n'étaient pas de trop. Caractère brave mais hésitant, esprit observateur mais dépourvu d'initiative, Raymond VI voyait avec anxiété, sans pouvoir y porter remède, les fautes de son allié investi du commandement en chef.

Cependant le comte de Toulouse proposa le plan de bataille suivant : Montfort étant forcé, par le défaut de vivres, d'adopter bientôt une résolution, on lui laisserait prendre l'offensive. Le camp étant barricadé avec ses *impedimenta*, on s'y tiendrait clos en dressant les claies mobiles qui lui servaient de portes, de manière à le rendre inaccessible aux surprises de la cavalerie croisée. Quand celle-ci viendrait l'attaquer, la nombreuse infanterie gasconne l'accablerait de traits ; puis les 3000 cavaliers profiteraient de son désor-

---

[1] Baudouin d'Avesnes (f° 363) : « Li evesques envoyèrent plusieurs messages au roy d'Aragon et lui prièrent en ammonestant qu'il eust mercy de la crestienté et qu'il se partist du siège ; mais il n'en vault riens faire.»

Jacques d'Aragon (al. 9, pag. 16) : « En ans que fos la batayla volies metre en Simon de Monfort en son poder per fer sa volentat : e volias avenir ab el, e nostre pare nou volch pendre. »

Caffaro (liv. IV, pag. 405) : « Et quum castrum et terram reddere vellet, noluit illum recipere nisi personam suam redderet pro presione.»

Guil. de P.-L. (pag. 208 C) : « Venerabiles patres, qui venerant cum eo... cœperunt agere... an possent viam pacis aut treugas invenire ; sed rege neutrum acceptante, nisi cum conditionibus indecoris parti ecclesiæ et damnosis, comes Simon, præsumens quod si forte castrum adversariis resignaret, tota terra insurgeret...»

Petr. V. S. (pag. 86 A).

Sur les réponses ironiques de Pierre II, voyez la relation officielle (pag. 88 D, E).

dre pour faire des sorties, prendre les Croisés à revers et les mettre en déroute [1].

Ce plan, s'il eût été adopté, aurait mis dans un grand embarras l'armée croisée, qui n'avait guère que de la grosse cavalerie. Outre que cette troupe était peu propre à l'enlèvement d'un camp retranché, elle se trouvait trop peu nombreuse pour menacer sans s'affaiblir l'immense développement des tentes ennemies. Obligée de se concentrer pour enlever un seul point, elle aurait laissé libres tous les autres passages, par lesquels la cavalerie vasco-aragonaise aurait pu opérer ses sorties, l'attaquer en flanc, la forcer de se replier pour éviter le tir en écharpe de l'infanterie, et l'acculer ainsi par degrés dans le terrain sans issues compris entre la Garonne, la Louge et le ruisseau des Pesquès.

Mais le roi d'Aragon ne put souffrir la pensée de garder la défensive avec un adversaire inférieur en nombre. Il traita

[1] Guil. de P.-L. (pag. 209 A) : «Rex Aragonum paravit se ad prœlium, *comite Tolosano in contrarium consulente, ut infra castra consisterent, et venientium equos telis et jaculis vulneratos debilitarent, debilesque securius incaderent, et incasos faciliùs converterent aut fugarent, qui in castro non possent, defectu victualium, remanere.*»

Canso (vers 3006) : E lo coms de Tolosa se pres a razonar...
3009.   Fassam entorn las tendas las barreiras dressar.
Que nulhs om a caval dins non puesca intrar.
E si venolh Frances que vulhan asautar,
E nos ab las balestas les farem totz nafrar;
Cant auran les cabs voutz podem los encausar.
E poirem los trastotz aisi desbaratar.

Fauriel traduit *dressar las barreiras* par : *dresser des barrières* (en un mot, entourer le camp de palissades).

Nous ne saurions admettre cette interprétation : 1° parce que nous savons par G. de Puy-Laurens (ch. I, p. 6, note 1) que le camp était déjà barricadé ; 2° parce qu'on n'aurait jamais eu le temps de faire un aussi vaste travail que celui de palissader le camp pendant le peu d'instants qui précédèrent la bataille. A notre avis, *las barreiras* étaient les claies mobiles qui servaient, au XIII° siècle, à ouvrir et fermer les entrées de l'enceinte des camps. Raymond VI demande qu'on les dresse, afin que, la clôture du camp étant ainsi complète, on puisse attendre l'attaque de l'ennemi, sans avoir à redouter une surprise de sa cavalerie, qui aurait pu pénétrer par ses ouvertures : *que nulhs om a caval dins non puesca intrar*. On remarquera que le texte dit : LAS *barreiras*. Il s'agit donc de barrières qui existent déjà. S'il avait été question d'en créer de nouvelles, il aurait fallu dire : *dressar barreiras* (sans l'article).

ce plan de *sottise* et de *lâcheté*[1] ; et Miquel de Luzia, l'un de ses vassaux, s'écria que c'était avec ces *habiletés de renard* qu'on perdait ses Etats[2]. Raymond VI, piqué, n'insista pas ; mais on verra les conséquences de ces désaccords.

Les sentiments du comte de Toulouse durent être partagés par ses vassaux, car ils mirent beaucoup plus d'hésitation que Pierre II à repousser les propositions des prélats. A la première ambassade, ils répondirent par des protestations d'obéissance. A l'arrivée de la seconde, ils demandèrent à réfléchir jusqu'au lendemain. Le lendemain, ils laissèrent engager la bataille sans se prononcer, sous le prétexte qu'ils ne pouvaient se séparer du roi leur allié[3]. Ce ne fut que lorsqu'ils se crurent vainqueurs qu'ils osèrent attaquer Muret et maltraiter un émissaire de l'évêque de Toulouse[4]. En un mot, bien que leur hostilité ne fût pas douteuse, ils hésitèrent à l'avouer, tant ils étaient peu rassurés sur l'issue du combat.

La physionomie morale de l'armée croisée offrait un singulier contraste avec celle de ses adversaires. A l'exception de Montfort, tout le monde s'y croyait voué au martyre, et tout le monde l'acceptait.

Le clergé, investi par le Légat de la direction de la campagne, était trop peu versé dans les choses de la guerre pour soupçonner les ressources de la situation. Convaincu de l'impossibilité de vaincre, il n'avait d'autre plan que d'épuiser tous les moyens de réconciliation, et en cas d'échec de se résigner à mourir. Le jour de la bataille, l'avant-garde vasco-aragonaise avançait déjà sur Muret, que les prélats attendaient encore la réponse des Toulousains dans le prieuré St-Germier, toutes portes ouvertes. Il se disposaient même

---

[1] Guil. de P.-L. (pag. 209 A) : « Quem rex audire noluit metui ascribens et ignaviæ quod dicebatur. »

Version en prose de la *Canso* (pag. 153 C) : « Lodit rey d'Arago es estat d'opinio .. que l'on lor ane donar l'assault.... »

[2] *Canso* (vers 3015) : So ditz Miquel de Luzia : Jes aiso bo nom par...
  3018. Per vostra *volpilhiaus* laichatz deseretar.

[3] Relation officielle (pag. 88 E et 89 A).

[4] Voyez ci-dessous, chap. iv. § 5.

à aller pieds nus implorer la pitié de Pierre II quand la première lutte s'engagea. Alors, refoulés par les traits ennemis, ils se retirèrent dans une chapelle voisine pour y attendre la mort [1].

Quant aux troupes croisées, elles se composaient de deux éléments : quelques vieux soldats, tels que Guillaume de Contre et Bouchard de Marly, attachés au sort de leur général depuis le commencement de la guerre, savaient d'avance, par l'âpreté de cette lutte, qu'en dehors de la victoire il n'y avait à attendre que la mort. Le reste, tel que Guillaume des Barres, le célèbre rival de Richard-Cœur-de-Lion, se composait de pèlerins nouveau-venus, enthousiastes comme des néophytes, et exaltés par la situation jusqu'à cet

---

[1] Relation officielle (pag 89 A) : « Mane ipsa die Jovis..... Episcopi, discalceatis pedibus, ire proposuerunt ad regem..... patefactis januis,..... hostes Dei.... armati, vicum subintrare cum impetu attentarunt....» — Voy. aussi Petr. V. S. (pag. 86 A, B). Petr. V. S. (pag. 87 A) : « Episcopi autem et clerici intraverunt ecclesiam..... orantes et clamantes in cœlum. » Nous verrons plus bas (chap. IV, § 5) que, jusqu'à la fin de la bataille, le clergé resta en prière dans Muret, où les Toulousains le trouvèrent encore lors de leur dernière attaque sur cette ville. C'est donc par erreur qu'on a prétendu que saint Dominique s'était rendu sur le champ de bataille pour exciter l'ardeur des combattants. Observons, d'ailleurs, que la présence du clergé au milieu des troupes pour partager leurs fatigues fut, pendant toutes les croisades, un fait habituel, que les historiens catholiques citaient toujours à son honneur. On ne comprendrait donc pas qu'ils l'eussent dissimulé, si ce fait s'était produit à Muret.

Il ne serait pas impossible que la chapelle où les prélats se retirèrent pendant la bataille existât encore, au moins en partie. En effet, l'emplacement de l'ancien prieuré de St-Germier, où habitaient les prélats, n'est séparé que par la largeur d'une étroite rue d'un oratoire qui dépend aujourd'hui de l'église ogivale de Muret, mais qui, par son style roman, d'un caractère massif, se rattache vraisemblablement à une construction antérieure. Cet oratoire semble, par son emplacement, avoir été détaché du prieuré et rattaché plus tard à la nouvelle église. Mamachi (Annales des Frères prêcheurs, tom. I, chap. XII) prétend en effet qu'à l'occasion de la victoire de Muret on annexa à l'église de la ville une chapelle ornée de peintures et d'inscriptions commémoratives, etc. Ces précisions s'adapteraient bien à l'oratoire en question. Des recherches sur cet édifice pourraient peut-être amener quelques découvertes.

état d'esprit où le martyre devient plus beau que la victoire[1].

La veille de la bataille, en arrivant sur les hauteurs en vue de Muret, les cavaliers conduits par Montfort aperçurent sur l'autre bord de la Garonne l'innombrable armée vasco-aragonaise, qui venait d'emporter le faubourg et assaillait le château. Enflammés par ce spectacle, ils voulaient charger aussitôt. Toute l'autorité de leur chef suffit à peine pour empêcher cette folie : ils étaient en tout 300 hommes[2]. Le lendemain, jour de la bataille, cette petite armée, à l'effectif complet de 1600 combattants, pouvait, du haut de ses remparts, entendre les cris de mort de 43,000 ennemis. Ce spectacle n'éveilla chez elle que l'enthousiasme du martyre. Son unique soin fut de s'y préparer par la communion et le pardon mutuel des injures [3].

Nous ne pouvons comprendre aujourd'hui ce qui se passait dans ces âmes de foi et de fer, mais un détail pourra nous en donner une idée. Au moment où les Croisés sortaient de Muret pour combattre, l'évêque de Comminges, monté sur une éminence, leur promettait qu'en cas de mort il leur servirait de caution devant Dieu pour les délivrer, non-seulement de l'enfer, mais du purgatoire. Sa voix ne pouvait probablement pas être entendue par toutes les troupes qui, échelonnées en ordre de marche dans les étroites rues de Muret, devaient former une très-longue colonne. Mais les soldats tenaient tant aux engagements de l'évêque, que chaque escadron, en défilant devant lui, l'interpellait pour lui faire répéter sa promesse et l'entendre distinctement; cela fait, il volait à la mort. C'était donc comme une stipulation expresse, un contrat réfléchi entre l'homme et Dieu, un échange des succès de la terre contre les promesses du Ciel [4].

Il ne faudrait cependant pas étendre jusqu'à leur général cette physionomie morale des soldats croisés. Montfort est un tout autre type, et nous le voyons, avant la bataille, déployer, non l'enthousiasme d'un héros du XIII° siècle,

---

[1] Guil. de P.-L. (pag. 208 E et 209 A) ; — Petr. V. S. (pag. 85 B).
[2] Petr. V. S. (pag. 85 E).
[3] Relation officielle (pag. 89 A) ; — Guil. de P.-L. (pag. 208 D) ; Petr. V. S. (pag. 87 A).
Petr. V. S. (pag. 86 E).

mais la vigilance réfléchie d'un général moderne qui n'abandonne rien au hasard.

S'il ose avec 1600 hommes en affronter 43,000, c'est qu'il a froidement calculé les compensations qu'il peut puiser dans sa supériorité morale. En allant de Fanjaux à Muret, il rencontre à Boulbonne dom Maurin, sacristain de Pamiers, qui veut lui faire rebrousser chemin : « *Vous êtes trop peu contre tant de monde* », lui dit le moine. Pour toute réponse le général lui montre une lettre d'amour écrite par le roi d'Aragon à une de ses maîtresses, et que l'on venait d'intercepter. « *Je n'ai rien à craindre*, ajoute Montfort, *d'un homme qui fait la guerre à Dieu pour une prostituée* [1]. »

[1] Guil. de P.-L. (pag. 208 B) : « Ait ei sacrista : ..... Non est par cum tam paucis contra regem et tantam multitudinem experiri. Qui ad hanc vocem protulit litteras de sua almoneria, dicens : Legite istas litteras. Quas cum legisset invenit in eis quod rex Aragonum *quamdam nobilem uxorem* cujusdam nobilis Tolosanæ diocesis salutabat, persuadens quod ob amorem ejus ad expellendos de terra Gallicos veniebat.... Qui ait : « Regem non vereor, qui pro una venit contra Dei negotium *meretrice.* » Secum comes ferebat in testimonium..... quia tanquam *effeminatum* sibi posse resistere non timebat. »

Nous ne saurions partager l'opinion des Bénédictins (*Histoire de Languedoc*, liv. XXII), qui prétendent que la personne à laquelle s'adressait cette lettre était la sœur du roi, femme du comte de Toulouse. Ce que rapporte G. de Puy-Laurens, ce sont les propres paroles du dialogue de Montfort avec dom Maurin. Or Montfort n'aurait pas pu adresser l'épithète de *meretrix* à une sœur du roi pour ce seul fait qu'elle aurait correspondu avec son frère. G. de Puy-Laurens, de son côté, n'aurait jamais accepté ni répété une expression aussi injurieuse, si elle s'était adressée à la belle-sœur de son maître, Raymond VII. Quant à dom Maurin, Montfort aurait eu bien de la peine à lui donner le change sur le nom de la personne à qui s'adressait la lettre, vu la formule habituelle des correspondances du XIIIᵉ siècle, qui mentionnent dès la première phrase, sous forme de salutation, les noms de l'expéditeur et du destinataire. Et si dom Maurin avait vu que l'écrit s'adressât à la comtesse de Toulouse, il n'aurait pas donné pour ce fait à Pierre II l'épithète d'*effeminatum*, et n'aurait pas désigné la comtesse par la tournure discrète : *Quamdam nobilem uxorem*. Nous inclinons donc à penser que la destinataire de la lettre était une des nombreuses connaissances galantes que Pierre II avait en Gascogne, et qui, de l'aveu de son fils le roi Jacques, avaient réussi par leurs séductions à l'attirer dans le parti des indigènes. (Voyez nos Pièces justificatives, pièce E, à la fin de notre citation de Jacques d'Aragon).

Tant que l'occasion de vaincre ne se présente pas Montfort presse ou retient ses troupes, suivant les besoins du moment, sans le moindre parti pris. Pour prévenir la capitulation imminente de Muret et se garder en même temps des embuscades qui pouvaient l'attendre sur la route, le général avait ordonné que l'on franchit d'une seule traite, avec le harnois complet de bataille, l'énorme étape de Fanjaux à Muret. Mais, parvenus à Saverdun, les soldats n'en peuvent plus. Malgré ses vives alarmes, Montfort les arrête ; on couchera à Saverdun ; il ne faut pas arriver épuisé devant l'ennemi [1].

Nous avons déjà vu avec quelle fermeté le général réprima l'ardeur de ses troupes à leur arrivée devant Muret. Mais le lendemain, à l'aurore, en observant, du donjon du château, l'ordre de bataille des ennemis, Montfort discerne une occasion de vaincre. Aussitôt le temporisateur de la veille se prononce pour une bataille immédiate et ne veut plus souffrir un instant de retard. Il vole au faubourg pour décider ses chevaliers, de là au prieuré St-Germier pour obtenir des prélats la permission de combattre. Ceux-ci refusent, et malgré l'approche de l'ennemi, veulent aller, pieds nus, implorer la pitié du roi d'Aragon[2].

Alors le général ordonne, non pas de les laisser sortir par une poterne, *mais de laisser ouvertes les portes de la place.* Les ennemis, qui avançaient en ce moment vers la porte de Toulouse, s'y précipitent aussitôt, pénètrent dans la ville et font pleuvoir leurs traits jusque sur la tête des prélats épouvantés... « *Avons-nous assez attendu ?* leur crie Montfort... *Laissez-moi donc combattre !...* [3] »

On lui accorde tout, et le général court ordonner le boute-

---

[1] Petr. V. S. (pag. 85 B).
[2] Petr. V. S. (pag. 86 A et B) : « In crastino summo mane.... comes.... de munitione exivit in burgum, cum suis et à suis consilium habiturus..... statim episcopi.... voluerunt ire ad regem supplicaturi.... »
Relation officielle (pag. 89 A et B).
[3] Nous verrons (chap. IV, § 1 et 2) que c'était une ruse de guerre : en tenant ouverte la porte de Toulouse, Montfort voulait y attirer ses ennemis pour les prendre à revers, en sortant par la porte de Sales.
Petr. V. S. (pag. 86 B) : Plures de hostibus.... intraverunt bur-

selle. Sa monture lui est amenée sur la terrasse de la Louge, devant la chapelle du château (où il était allé prier un
instant). Au moment où il s'enlève sur les étriers, son cheval
relève la tête et le frappe au front d'un si rude coup, qu'il le
fait chanceler. Couvert aussitôt de huées par les ennemis
qui suivaient cette scène du bord opposé de la rivière, Montfort les interpelle : « *Criez bien, car je vais à mon tour crier
après vous jusqu'à Toulouse !* » Et il court presser la sortie
des troupes. Les chefs voulaient compter leurs hommes :
« *C'est inutile*, dit Montfort, *nous sommes assez pour vaincre !..* [1] »

Le général communique à tous son activité ; l'évêque de
Toulouse voulait faire mettre pied à terre aux cavaliers pour
venir, un à un, baiser le crucifix ; l'évêque de Comminges l'arrache de ses mains, monte sur une éminence et
envoie à toute l'armée cette bénédiction collective dont nous
avons parlé plus haut [2].

Le caractère de Montfort se révèle tout entier dans cette
confiance de vaincre, au milieu d'une armée qui croit aller
à la mort, au milieu d'une ville à moitié occupée par l'ennemi.

gum ... *Erant enim fores apertæ, quia nobilis comes non permittebat ut clauderentur.* Mox comes noster allocutus est episcopos,
dicens : « Videtis quod nihil proficitis.... *satis immo plus quam
satis sustinuimus :* tempus est ut detis nobis licentiam dimicandi...»
  Relation officielle (pag. 89 A et B) : « Qua (licentia) concessa ....
*quia domum in qua episcopi morabantur... hostes... festinabant
protinus impugnare balistarum quarellis ...*»
  [1] Petr. V. S. (pag. 86 C, D).
  [2] Petr. V. S. (pag. 86 E).

CHAPITRE IV

BATAILLE

§ I

ATTAQUE PAR L'ARMÉE VASCO-ARAGONAISE

Ce furent les Vasco-Aragonais qui prirent l'offensive. Leur avant-garde ouvrit l'attaque par un assaut du même faubourg qu'ils avaient enlevé la veille. C'est cet assaut qui, en menaçant le prieuré de Saint-Germier, décida les prélats à donner à Montfort la permission de combattre.

Le principal objectif de l'attaque dut être le saillant de la porte de Toulouse.

G. de Puy-Laurens nous apprend, en effet, que les Vasco-Aragonais se portèrent contre le côté occidental de la ville[1]; nous savons par la *Canso* que, tout en menaçant plusieurs portes, ils n'en enlevèrent qu'une seule[2], et Pierre des Vaux de Cernay précise qu'en pénétrant par cette porte ils se trouvèrent dans le faubourg[3].

Or il n'y avait sur le côté occidental de Muret que la

---

[1] Guil. de P.-L. (pag. 208 D, E) : « Inciditque eis consilium *ne directè contra exercitum prosilirent*, ne imbri jaculorum populi Tolosani exponerent equos suos ; et *exierunt per portam quæ respicit orientem, cum castra essent ab occidente.*»

[2] Version en prose de la *Canso* (pag. 152 E) : « E aladonc, se son venguts... donar l'assault *à l'una de las portas.* »

Canso (v. 3023) : Entro sus a *las portas* s'en van esperonar,
　　　　　　Si que an los Frances trastotz faits ensarrar ;
　　　　　　E per meja *la porta* van las lansas gitar.

(A partir de ce vers, *porta* est employé constamment au singulier.)

[3] Petr. V. S. (pag. 86 B) : « *Intraverunt burgum* in quo erant nostri. »

porte de Toulouse par où l'on pût pénétrer dans le faubourg. C'était aussi la seule qui fût assez rapprochée du prieuré pour que les traits des assaillants pussent y atteindre, ainsi que nous venons de le voir.

L'attaque dut couvrir toute la rive gauche de la Louge jusqu'à la Garonne, puisque nous savons que Montfort, en montant à cheval sur la terrasse du château devant St-Sernin, fut insulté par les Vasco-Aragonais, postés sur l'autre bord de la rivière. Mais le côté opposé de Muret, où s'élevait la porte de Sales, dut rester constamment libre, puisque nous venons de voir dans G. de Puy-Laurens que Montfort choisit ce point pour sa sortie, précisément parce que les traits des ennemis ne pouvaient y atteindre.

Quant au saillant de la porte de Toulouse, les ennemis attaquèrent ses deux côtés à la fois, et firent converger sur les deux courtines le tir de six machines de guerre [1]. Ils avaient donc franchi la Louge au point *d* et disposé leurs engins autour du saillant, sur les deux bords de la rivière.

G. de Puy-Laurens constate que cette attaque fut conduite par le comte de Foix, soutenu par les contingents catalans [2]. Il dut être également suivi par une partie considérable de l'infanterie, car ce même chroniqueur ajoute qu'on lui adjoignit : *copia et multitudine bellatorum*, expression assez dédaigneuse qui ne peut s'appliquer qu'à des combattants à pied. On sait d'ailleurs que l'attaque d'une place par les machines de guerre n'avait jamais lieu sans être

Relation officielle (pag. 89 A) : « Vicum subintrare cum impetu attentarunt. »

[1] *Canso* (v. 2,938) : Bastiren los peirers e an les redressatz.
E combaton Murel *tot entorn per totz lotz.*
Mouskes (v. 22.352) : *Pierieres et mangonniaus VI*
I dreça le roi d'Aragonne
Par le castel graus pières donne.
Version en prose (pag. 152 E) : « Et adonc an faict adressar lors pevrieras et autres engins, e contra lodit Muret les an faict tirar. »
Relation officielle (pag. 89 B) : « Erectis jam machinis, aliisque bellicis instrumentis, festinabant protinùs impugnare balistarum quarellis... hostiliter circumquaque. »
[2] Guil. de P.-L. (pag. 209 A): « Dato primo congressu comiti Fuxensi cum Catalanis et *copia* et *multitudine bellatorum.* »

couverte par une nuée d'archers, et les chroniqueurs pré-
cisent, en effet, qu'on fit pleuvoir sur le bourg de Muret,
non-seulement des carreaux de baliste, mais les flèches et
les traits de ces tirailleurs [1]. Toutefois ce contingent à pied
ne dut comprendre que l'infanterie féodale, car nous verrons plus bas que les milices toulousaines ne sortirent du
camp et ne combattirent qu'à la fin de la journée [2].

Sur cette attaque, la cavalerie vasco-catalane, trouvant
la porte de Toulouse ouverte par l'ordre exprès de Montfort,
pénétra dans l'intérieur du bourg, culbutant tous les obstacles [3]. Il semble même que l'infanterie entra pêle-mêle avec
elle ; car les chroniqueurs constatent que, parmi les traits
tombant sur le prieuré, il y avait des dards et des javelots,
arme qui se lançait à la main, et qui n'aurait pas pu avoir
assez de puissance pour atteindre à St-Germier si elle avait
été envoyée du dehors de la place [4]. Quoi qu'il en soit, l'attaque trouva à l'intérieur des obstacles, préparés sans doute
à l'avance, et contre lesquels elle se buta sans succès [5].

Si l'on considère que l'infanterie féodale de l'armée
vasco-aragonaise ne s'élevait pas à moins de 20,000 hom-

---

[1] Relation officielle (pag 89 B) : « Balistarum quarellis, *jaculis*
atque *lanceis*. »
  Canso (v. 3027) : Es gieten *dartz* e *lansas*...
[2] Voyez ci-dessous, chap. IV, § 5.
[3] Petr V. S. (pag. 86 B) : « Ecce plures de hostibus armati in
equis intraverunt burgum in quo erant nostri... Erant enim fores
apertæ, quia nobilis comes non permittebat ut clauderentur... »
  Relation officielle (pag. 89 A) : « Patefactis januis... hostes Dei...
vicum subintrare cum impetu attentarunt... »
  Philippide (v. 650) : ..... Jam fractis mœnibus istis.
                          Castellum irrumpent...
  Canso (v. 3026) : Si *quel dins el defora contendon sul humdar;*
                  Es gieten dartz e lansas es van grans colps donar.
              `   D'entrambas las partidas ne fan lo sanc rajar,
                  Que trastota *la porta* viratz vermelhejar.
[4] Relation officielle (p. 89 B) : *Jaculis* atque *lanceis* emissis. »
  Canso (v. 3027) : Es gieten *darts* e *lansas*.
[5] *Canso* (v. 3030) : Can aicels de lafora no pogron dins intrar.
  Version en prose (pag 153 C) : « Lodit comte de Monfort et sas ditas
gens se son ben et valentamen defenduts, sans estre en res esbahits,
et talamen an faict que los an faict recular deldit assault. »
  Relation officielle (pag. 89 A) : « Sed per Dei gratiam a suo fuerunt
desiderio defraudati... »

mes, que les contingents de Foix et de Catalogne réunis ne
pouvaient guère présenter un effectif inférieur à 1000 chevaux, que le terrain contournant la porte de Toulouse
était en outre traversé par la Louge et couvert par six machines de guerre et par la myriade de mantelets mobiles,
disposés en herse, derrière lesquels s'abritaient toujours
les archers pour couvrir la manœuvre de ces engins, on
pourra se faire une idée de l'encombrement qui dut se produire à cette heure dans l'étroit passage *d*, qui n'a pas plus
de 230 mètres de largeur.

Cet ensemble de précisions sur l'attaque de l'avant-garde
nous permet de reconstituer l'ordre de bataille général de
l'armée vasco-aragonaise :

Elle fut répartie en trois corps de bataille.

Nous venons de voir que le premier, commandé par le
comte de Foix, composé de ses propres contingents, de ceux
de Catalogne et de l'infanterie féodale, se posta en face du
saillant de la porte de Toulouse.

Pierre des Vaux de Cernay nous apprend que le roi d'A-
ragon se mit à la tête du second, probablement avec le reste
des troupes espagnoles, et sûrement avec sa maynade, car
nous verrons que celle-ci se fit détruire jusqu'au dernier
homme autour de sa personne [1].

Ce second corps dut être posté sur le terrain l'*Aragon*,
car nous avons vu (chap. Ier) que c'est là que le roi fut tué,
et nous verrons (chap. IV, § 3) que son corps d'armée
fut attaqué sur place par une rapide charge de la cavalerie
croisée, qui ne lui laissa pas le temps de prendre l'offensive.

La position des deux premiers corps nous révèle celle du
troisième ; car, au XIIIe siècle, les troupes d'attaque se for-
maient invariablement en une série de corps échelonnés en
arrière les uns des autres, suivant un axe perpendiculaire
à l'ennemi ; nous n'avons donc qu'à tracer une ligne droite

---

[1] Petr. V. S. (pag. 87 B) : « Ipse (rex Aragonensis)... in secunda
acie se posuerat, cum reges semper esse soleant in extrema.»
Baudouin d'Avesnes (f° 363) : « Le roy s'était trait en la seconde
bataille. »

partant du saillant de la porte de Toulouse et traversant le terrain l'Aragon pour trouver sur son prolongement l'axe du 3e corps. Ce tracé nous conduit dans l'angle formé par la rencontre des collines de Seysses et du ruisseau des Pesquès. L'emplacement du 3e corps ne saurait être reculé plus en arrière; car, s'il avait été séparé du champ de bataille par ces collines ou l'escarpement de ce ruisseau, il n'aurait pas pu prendre part au combat.

L'avant-garde étant commandée par le comte de Foix et le corps d'armée par le roi d'Aragon, les auteurs de l'*Histoire de Languedoc* en concluent avec raison que l'arrière-garde ne put avoir pour chef que le comte de Toulouse, et ne put être composée que de l'aristocratie gasconne, puisqu'il ne restait pas d'autre chef ni d'autre contingent à cheval.

Quant aux milices toulousaines, nous verrons [1] qu'elles n'étaient pas encore sorties de leur camp. Guillaume le Breton paraît admettre qu'elles se tenaient en ce moment en armes sur les hauteurs de Perramon, en observation pour surveiller la porte de Sales, seul point par où les Croisés pussent battre en retraite ou être secourus [2].

Il est à remarquer que, bien qu'elles fussent les plus directement intéressées dans la guerre, les troupes gasconnes choisirent les postes de combat les plus éloignés de l'ennemi. C'est aux simples auxiliaires, aux Espagnols, qu'échut le poste le plus honorable et le plus périlleux.

C'est qu'en effet cet ordre de bataille n'était pas de nature à rassurer les Gascons. Il eut des conséquences si graves pour le résultat de la journée, que nous devons l'analyser avec soin.

Puisque Pierre II avait laissé entrer Montfort dans Muret, et qu'il venait l'y attaquer sans investir complétement la place, son but était apparemment de traquer les Croisés dans la ville, à peu près comme on traque un lapin dans son terrier, pour le tuer à la sortie. Dans ce cas,

---

[1] Voyez ci-dessous, chap. IV, § 5.
[2] *Philippide* (v. [810) : Stabat adhuc Tholosana phalanx prope fluminis undas,
  Millia dena quater in papilionibus altis,
  Observans aditus castri e regione sinistra,
  Ne quis ad obsessos veniat vel prodeat extra,
  Qui ferat aut quærat illis quodcumque juvamen.

nous comprenons qu'il ait fait attaquer par le comte de
Foix la porte de Toulouse, mais à la condition d'aller lui-
même attendre la sortie de l'ennemi devant la porte de Sales,
qui était son unique ligne de retraite. En demeurant au contraire sur le terrain l'Aragon, le roi se mettait dans l'impossibilité de joindre les Croisés, puisqu'il lui aurait fallu
passer sur le corps de sa propre avant-garde, qui encom-
brait le seul passage praticable. Si Montfort avait voulu
éviter le combat, il aurait eu tout le loisir de fuir par la
porte de Sales.

Si l'on suppose, au contraire, que Pierre II fût instruit de
la résolution où était Montfort d'accepter la bataille, on
conçoit que, sûr d'être attaqué, le roi l'ait attendu sur le
terrain favorable où il se posta. Mais alors ce qu'il faut critiquer, c'est le poste assigné à son avant-garde : c'est à la
porte de Sales que le comte de Foix aurait dû traquer
Montfort pour le pousser vers Pierre II, qui l'attendait
devant la porte de Toulouse.

Cependant, il ne serait pas impossible que le comte de
Foix eût été envoyé avec l'ordre d'occuper la porte de Sales,
mais que ses troupes, trouvant sur leur chemin la porte de
Toulouse ouverte, eussent cédé à la tentation de pénétrer
par là dans le bourg. En ce cas, l'ordre exprès, donné par
Montfort, de tenir cette porte ouverte ne serait qu'une ruse
de guerre, un moyen de retenir l'avant-garde autour de la
porte de Toulouse, tandis qu'on la prendrait à revers en sortant par celle de Sales. Le comte de Foix serait alors seul
responsable de n'avoir pas su éviter ce piége.

Dans tous les cas, on a le droit de reprocher au roi d'Aragon d'avoir trop éparpillé son armée. Entre ses différents
corps d'attaque il laissa des intervalles si considérables que
chacun d'eux pouvait être détruit avant d'être secouru par
les autres. Ce péril fut encore aggravé par Pierre II
quand il choisit son poste de combat à la tête du deuxième
corps, au lieu d'occuper le dernier, selon la coutume. Il
s'exposait ainsi à périr dans une attaque soudaine, sans
avoir le loisir d'appeler ses réserves. Ainsi chaque corps
d'armée pouvait, faute d'ordres, être immobilisé au moment
décisif.

Nous allons voir que Montfort gagna la bataille précisément en tirant parti de chacune de ces fautes. Aussi inclinons-nous à penser que ce furent ces mauvaises dispositions qui le décidèrent à attaquer et lui suggérèrent même son plan de combat. Nous avons vu en effet que, la veille encore, le général croisé gardait obstinément la défensive, et s'attachait à contenir ses troupes, et que le lendemain matin au contraire, sitôt que les ennemis eurent pris leur ordre de bataille, Montfort descendit du château dans le bourg pour obtenir du clergé la permission de combattre. Or, du donjon du château, qui dominait la plaine d'une hauteur colossale, le général avait pu distinguer trois faits : 1° le mouvement de l'avant-garde ennemie dans la direction de la porte de Toulouse, 2° l'excessif éparpillement des autres corps, 3° la présence de la bannière royale au deuxième corps d'armée. Cela suffisait pour l'éclairer; et il est très-digne de remarque que ce ne fut qu'alors, tandis que les évêques accordaient l'ordre de combattre, que Montfort tint avec ses chevaliers le conseil de guerre qui arrêta le plan de la bataille[1].

Ce plan paraît donc avoir été une de ces inspirations soudaines qui sont suggérées aux vrais hommes de guerre, sur le champ de bataille, par les fautes de leurs ennemis, et qui ne réussissent que par l'à-propos de leur exécution.

§ II

PREMIER MOUVEMENT DES CROISÉS

Avant de sortir de Muret, les Croisés prirent deux dispositions :

En premier lieu, Montfort interdit à son infanterie de pren-

---

[1] Petrus V. S. (pag. 86 A, B) : « In crastino summo mane... Comes... de munitione exivit in burgum cum suis et à suis consilium habiturus; et cum nostri simul loquerentur.... ecce plures de hostibus... intraverunt burgum. »
Relation officielle (pag. 89 A) : « In crastino autem prima die Jovis... hostes Dei.... vicum subintrare... attentarunt...»
Petr. V. S. (pag. 86 D) : « Dum igitur comes et milites nostri mutuò loquerentur et de bello tractarent, ecce episcopus Tolosanus advenit... »

dre part au combat. Sur seize cents hommes environ dont se composait son effectif, il le réduisit ainsi volontairement à environ neuf cents [1].

En second lieu, un certain nombre de chevaliers, à la tête desquels étaient Alain de Roucy et Florent de Ville, formèrent entre eux un accord préalable pour rechercher dans le combat la personne du roi d'Aragon, et le mettre à mort dès le début de l'action [2].

Cela fait, l'armée sortit de Muret par la porte de Sales [3]. Elle se forma en bataille en avant de cette porte, face à l'ennemi (qui attaquait le saillant de la porte de Toulouse), mais le plus loin possible de ce point d'attaque, afin que, pendant leur sortie, les chevaux ne fussent pas inquiétés par les traits des archers [4]. L'armée croisée dut donc se déployer le long de la Garonne, son front de bataille continuant l'axe de la porte de Sales et formant potence avec la courtine.

Conformément à la coutume du temps, et en l'honneur de la Sainte-Trinité, l'effectif fut divisé en trois corps, chacun de 300 hommes environ [5], échelonnés en arrière les uns

[1] Petr. V. S. (page 86 D) : « Comes nobilis inhibuerat ne quis pedes egrederetur ad pugnam. »

Annales de Waverley (p. 203 A) : « Accedentes ergo ad certamen, ut imperatum fuit, nuda peditum deseruere præsidia. »

[2] Baudouin d'Avesnes (fol. 363 et suiv.) : « Aveuc le conte estait messire Allain de Rouchy et messire Florens de Vile, qui estaient renommé de grant chevalerie. Ces deux et aucuns autres s'estaient accordé qu'ilz meteraient leur entente au roy d'Arragon ochirre, car se le roy estoit mors le remanant seroit plus legier a desconfire. » L'auteur ne dit pas que Montfort ait connu ce projet.

[3] Canso (v. 3037) : A la porta de Salas les ne fan totz auar.

Version en prose (pag. 153 C, D) : « Et quand son estat armats et acotrats, an ordenats los capitanis, et son anats salhir al portal de Salas, ben ordenats et serrats. »

Guil. de P.-L. (pag. 208 E) : « Exierunt per portam quæ respicit orientem, cum castra essent ab occidente. »

[4] Guil. de P.-L. (pag. 208 D, E) : « Inciditque eis consilium ne directè contra exercitum prosilirent, ne imbri jaculorum populi Tolosani exponerent equos suos, et exierunt per portam.... »

[5] Nous présumons que l'effectif fut réparti à peu près en nombre égal dans chacun des trois corps, parce que, s'il y avait eu inégalité

des autres. Le commandement du premier corps fut donné à Guillaume de Contre, celui du second à Bouchard de Marly ; Montfort prit sous ses ordres le troisième, lequel devait être le plus rapproché de la Garonne [1].

Guillaume des Barres fut posté en tête du premier corps et chargé d'imprimer comme chef de file le mouvement de l'attaque générale [2].

C'est dans le second corps que se placèrent de Roucy, de Ville et leurs conjurés [3].

de répartition, un des corps aurait été de moins de 300 hommes. Or, ces corps étant destinés à opérer séparément, comme nous le verrons, il fallait bien que chacun d'eux fût assez considérable pour fournir une manœuvre sérieuse, ce qui eût été impossible avec des effectifs inférieurs encore à un chiffre aussi limité.

[1] Version en prose (pag. 153 D) : « Et avia faictas tres bandas de sas gens, dont era capitani de la premera G. d'En Contra, et de la seconda Boucard, et de la tersa era capitani e governado lodit conte de Montfort. »

Canso (v. 3054) : E fels en tres partidas totz essems escalar.

Guil. de P.-L. (pag. 209 B) : « Comes Simon venit tribus ordinibus, usu ut noverat militari. »

Petr. V. S. (pag. 87 A) : « Nostri ... eggrediuntur de castro, et tribus aciebus dispositis in nomine Trinitatis, contra hostes intrepidi procedebant. »

Relation officielle (p. 89 B) : « In nomine sanctæ Trinitatis, tribus aciebus dispositis, exierunt. »

Philippide (v. 703) :..... Et ex uno tres efficit agmine turmas.

Baudouin d'Avesnes (fol. 363) : « Ils issirent hors du chastel et orent leurs trois batailles ordonnées au nom de la Trinité. »

[2] *Canso* (v. 3053) : Guilheumes de la Barra los pres a *capdelar*.

Nous traduisons ici *capdelar* par *diriger* (aller en tête) et non par *commander*. Ce verbe a les deux sens. Il vient de *capdal* (tiré lui-même de *cap*) qui signifie : *celui qui va en tête*, et par voie de dérivation : *celui qui commande*. Nous préférons ici le sens primitif au sens dérivé, parce qu'il est bien démontré que G. des Barres n'exerça à Muret aucun commandement, même en second, tandis qu'avec l'autre manière de traduire, il faudrait supposer, contrairement à la *Canso* elle-même, que G. des Barres commanda seul à Muret, aux lieu et place de Montfort. Avec notre interprétation, le vers 3053 signifie littéralement : G. des Barres les prit *à aller de l'avant*, ce qui revient à dire qu'à raison de sa force proverbiale, Guillaume fut posté au premier rang comme chef de file ou *premier soldat*. On trouvera un second exemple de cette signification de *capdelar* au vers 3003 de la *Canso*. Cette forme est encore aujourd'hui usitée, dans l'idiôme roman, pour un grand nombre de verbes.

[3] Baudouin d'Avesnes (fol. 363 et suiv.) : « La seconde bataille vint

Ces dispositions prises sous les yeux de l'ennemi, Montfort dirigea ses troupes vers sa ligne de retraite, c'est-àdire vers le pont de la Garonne ; en sorte que les VascoAragonais crurent réellement que ce mouvement de fuite était sérieux et que l'ennemi leur échappait. Mais alors les Croisés firent demi-tour, et revinrent fondre sur eux[1]. Ce retour offensif ne fut exécuté que par les deux premiers corps. Sans doute par respect pour la division sacramentelle en trois corps, celui du sire de Contre fut lancé seul tout d'abord, et les hommes de Bouchard ne s'ébranlèrent qu'après lui ; mais il fut commandé à ces derniers de prendre une allure plus vive, et de rejoindre la première ligne de bataille avant le moment de la charge, afin que le choc fût donné par les deux corps réunis, et produisît ainsi une plus puissante impulsion [2].

après : en celle bataille estait messire Alain de Rouchy, et messire Florens de Vile. ».

[1] Guil. de P.-L (p. 208 E) : « Exierunt per portam quæ respicit orientem, cum castra essent ab occidente, ut, *nescientibus propositum eorum, fugere niterentur, donec profecti paulisper, rivum quemdam transeuntes, in planitiem versus exercitum redierunt.*»

Cette première manœuvre de l'armée croisée a été défigurée par beaucoup d'historiens : Salvan (*Histoire de l'église de Toulouse :* bibliothèque de Toulouse) en fait un mouvement *d'oblique à droite.* Outre que ce simple changement de direction ne suffirait pas pour expliquer le désordre et la surprise que la feinte de Montfort produisit sur les Vasco-Aragonais, il est en contradiction avec G. de PuyLaurens, qui précise que le mouvement de Montfort fut une fuite simulée, suivie d'un retour offensif, et par conséquent un changement de direction d'avant en arrière sur la ligne de retraite, et non un oblique à droite.

Barrau et Darragon (*Guerre des Albigeois*) supposent que la feinte de Montfort consista à sortir par une des portes de Muret, puis à rentrer en ville pour ressortir par une autre porte. Outre que les chroniqueurs ne disent rien de pareil, G. de Puy-Laurens dit que le mouvement des Croisés *fit croire aux ennemis que Montfort s'enfuyait,* ce qu'ils n'auraient pas pu supposer s'ils l'avaient vu rentrer en ville.

[2] Guil. de P.-L. (pag. 209 B) : «..... *Posteriores properantes in unum ad primos ictus cum prioribus affuerunt,* docti satis quod pugna unanimiter agressa victoriam parit.»

Petr. V. S. (pag. 87 A) : « *Statim prima acies nostra audacter in hostes insiliit..... mox secunda subsequitur, hostesque penetrat sicut prima.* »

Dans le même but, on prescrivit aux chevaliers de ces deux corps d'éviter les combats singuliers, qui auraient ralenti l'effet d'ensemble de la charge. Ils durent au contraire concentrer le mouvement dans un effort collectif, qui tendrait à couper par le milieu l'avant-garde vasco-aragonaise, et à pousser droit vers le deuxième corps ennemi, où commandait le roi d'Aragon [1].

Comme manœuvre de cavalerie, ce premier incident de la bataille mérite une analyse plus complète.

On voit que la manœuvre dans son ensemble se composa de deux mouvements : d'abord une fuite simulée, puis un retour offensif. Nous savons déjà que le retour offensif fut exécuté par les deux premiers corps seulement. Il nous paraît également certain que la fausse retraite avait été opérée par le troisième corps tout seul, tandis que les deux autres guettaient le moment où cette fuite simulée leur fournirait l'occasion d'une charge avantageuse.

En effet, l'armée croisée étant rangée en bataille devant la porte de Sales, le seul intervalle qui séparât cette armée de sa ligne de retraite (le pont de la Garonne) était la terrasse qui longeait le fleuve depuis la porte de Sales jusqu'à ce pont. C'est donc cette terrasse que l'armée croisée eut à parcourir pour simuler son mouvement de retraite.

Le corps de cavalerie qui y pénétra fut évidemment celui qui en était le plus rapproché, car au XIIIme siècle on n'était pas assez manœuvrier pour faire chevaucher les escadrons les uns sur les autres. Or, nous savons déjà que l'escadron le plus rapproché de la Garonne était le troisième, commandé par Montfort.

Enfin, si ce corps fut le premier à défiler sur la terrasse, il dut seul y pénétrer ; car celle-ci n'était pas assez grande

---

Baudouin d'Avesnes (folio 363) : « *La première bataille assembla a ses ennemis viguereusement..... la seconde bataille vint après.*»

[1] Annales de Waverley (pag. 202 E) : « Simon.. ... firmiter suis prœcipiendo dixit : *Ictibus à prima fronte pugnœ pugnare nolite contra inimicos ; sed fortiter...acies superborum penetrate securi. Accedentes ergo ad certamen, omnes uno impetu, ut imperatum fuit.... usque ad regem penetraverunt.*»

Philippide (v. 717) : Et *condensatis ex omni parte coronant. Agminibus......*

pour contenir l'armée entière. N'ayant guère plus de 270 mètres de long, avec la largeur toujours très-restreinte des passages militaires du XIIIme siècle, elle ne devait pas pouvoir contenir plus de 200 à 300 hommes de cavalerie en ordre de marche [1]. Or nous avons vu, par le récit de G. de Puy-Laurens, qu'elle ne fut même pas occupée en entier, la cavalerie de Montfort ne s'étant engagée que de quelques pas *(paulisper)* vers sa ligne de retraite.

Ainsi le troisième corps fut seul à exécuter le faux mouvement de fuite. De là résulta que, tandis que ce troisième corps, passant de l'ordre de bataille à l'ordre de marche [2], défilait sur le pont-levis conduisant à la terrasse, les deux premiers corps, toujours en bataille, face à l'ennemi, purent se tenir constamment prêts à fondre sur lui au premier signal.

Le but évident de cette manœuvre était d'attirer l'avant-garde ennemie sur la rive droite de la Louge, pour l'écraser aussitôt par le retour offensif, dans la position difficile que devaient lui faire l'exiguïté du défilé et le cours de la Louge coulant sur ses derrières. Mais il fallait que cette charge se fît assez promptement pour ne pas laisser arriver sur la rive droite du ruisseau l'armée vasco-aragonaise tout entière, qui aurait accablé les Croisés par l'avantage du nombre. C'est pour ce motif, d'après nous, que Montfort confia les deux mouvements dont se composait sa manœuvre à deux corps

---

[1] Dans l'ordre de marche en colonne serrée, *et pour la cavalerie légère*, le dernier règlement de la cavalerie admet trois mètres de distance par cavalier sur un mètre d'intervalle (en rangs ouverts, sa mesure est du double). Sur ces bases, en supposant que la terrasse eût quatre mètres de largeur (ce qui serait énorme pour l'époque), elle n'aurait pu contenir en rangs serrés que 90 rangs formés sur 4 files, soit 360 cavaliers. Observons, en outre, que le soldat à cheval du XIIIe siècle devait représenter un diamètre supérieur à celui de notre plus grosse cavalerie. Il devait exiger des intervalles considérables, à cause de la couverte flottante que portait le cheval, de la seconde épée ou de la masse d'armes que le cavalier accrochait à l'arçon de la selle; et du bouclier dont il flanquait son côté gauche. Dans ces conditions, la terrasse dont nous parlons ne pouvait contenir tout au plus que 2 ou 3 files, au lieu de 4, soit 180 à 270 cavaliers.

[2] En une forme irrégulière, ce mouvement du 3me corps dut correspondre à ce que l'on appellerait aujourd'hui un *à droite en colonne*.

distincts. La même troupe n'aurait pas pu opérer avec autant de précision les deux mouvements successifs.

Il faut du reste reconnaître que le terrain avait été très-heureusement choisi pour l'exécution de ce plan ; car il permettait et une fausse retraite assez lente pour attirer indéfiniment l'attention de l'ennemi, et un retour assez soudain pour déconcerter toute offensive sérieuse.

En effet, entre le point attaqué par les Vasco-Aragonais et le pont-levis conduisant à la terrasse (point de départ de la ligne de retraite des Croisés) il n'y avait pas 300 mètres de distance, et la courtine qui unissait ces deux points était absolument en ligne droite. L'ennemi devait donc voir distinctement ce pont-levis et les cavaliers qui le franchissaient, se dessinant sur le vide du fossé qu'on pouvait enfiler d'un regard dans toute sa longueur.

D'autre part, les trois cents hommes du troisième corps pouvant franchir le pont-levis au pas et un à un, il était aisé de faire durer ce défilé près de 25 minutes [1]. C'était plus de temps qu'il n'en fallait pour que le mouvement fût observé par l'ennemi et le précipitât en avant.

Quant au retour offensif des deux premiers corps des Croisés, il dut être d'une soudaineté irrésistible. En effet, l'intervalle libre existant entre leur premier rang et celui des ennemis devait être inférieur même aux 300 mètres de longueur de la courtine, puisqu'une partie de ces 300 mètres était occupée par l'armée de Montfort. Si serrée qu'elle fût le long de la Garonne, ses neuf lignes successives ne pouvaient guère couvrir moins de 60 à 80 mètres de profondeur [2]. Il ne lui restait donc qu'environ 220 mètres à fran-

---

[1] A raison de 4 à 5 secondes par homme.

[2] Au XIIIᵉ siècle, tout corps de cavalerie en bataille se composait invariablement de trois rangs au minimum, un rang de chevaliers, un rang d'écuyers, un rang de coutiliers ou sergents d'armes (voyez général Suzane, *Histoire de la cavalerie*, tom. I, pag. 12 et 15). L'armée de Montfort, se composant de trois corps, devait donc avoir au moins neuf rangs de profondeur. Avec la distance minimum de 3 mètres par rang entre les hommes et de 6 mètres entre les corps, cette troupe, si serrée qu'elle fût le long de la Garonne, ne pouvait occuper moins de 50 mètres de profondeur. Ajoutez-y le vide nécessaire à la manœuvre *d'à droite en colonne* du 3ᵐᵉ corps, vide qui ne

chir pour joindre l'ennemi ; et cette charge, devant être
fournie à toute vitesse, ne devait pas exiger 60 secondes[1].
Les Vasco-Aragonais eurent donc *moins d'une minute* pour
se mettre en défense, *moins d'une minute* pour passer de l'offensive la plus confiante à la défensive la plus solide !
Cette attaque foudroyante dut les surprendre dans le plus
complet désordre. Nous avons déjà signalé l'encombrement
dont la porte de Toulouse était en ce moment le théâtre.
Prévenue tout-à-coup de la fuite des Croisés, la masse d'assaillants qui s'y entassait dut envahir tout à la fois la rive
droite de la Louge, qu'occupaient déjà le personnel et le
matériel de trois mangonneaux. Que l'on se représente dans
ce labyrinthe d'obstacles, ce mélange de plus de 20,000
hommes de toute arme accumulés pêle-mêle sur un étroit
passage de 230 mètres, et l'on comprendra l'épouvantable
confusion de cavaliers, de fantassins, de matériel de siége
qui dut s'y produire.
C'est sur ce troupeau humain que vinrent fondre, comme
une avalanche de fer, les deux premiers escadrons des
Croisés, massés sur cent hommes de front et six de profondeur, et par conséquent pouvant balayer la plus grande partie de la largeur du défilé[2]. Les vaincus ne pouvant se

pouvait être de moins d'une vingtaine de mètres, vu l'allure tumultueuse des mouvements de troupes au XIIIe siècle, et vous aurez une
hauteur totale de 80 mètres au minimum.

[1] Le dernier règlement de la cavalerie admet que ce corps peut
fournir au galop, sans s'essouffler outre mesure, un parcours de
plusieurs centaines de mètres, pourvu que les 80 derniers soient seuls
poussés à toute vitesse. Au galop ordinaire, il admet qu'un cavalier
doit franchir *par minute* de 330 à 350 mètres, soit 340 en moyenne.
Dans la charge qui nous occupe, la distance à parcourir n'ayant été
que de 220 mètres, *moins d'une minute* dut suffire pour franchir cet
intervalle même au petit galop.

[2] Chaque corps contenant environ 300 hommes, formés sur trois
rangs, les deux premiers corps réunis durent donner six rangs de
100 hommes de front. Tout front s'allonge par le fait même de la
charge, et ceux du XIIIe siècle devaient avoir plus de longueur
qu'aujourd'hui, soit à cause de l'énorme intervalle qu'exigeait la
housse flottante du cheval, soit à cause de la position que prenait le
cavalier au moment de la charge, le jarret tendu, les pieds en avant
et les reins arc-boutés contre la batte de troussequin. (Voyez Viollet-
Leduc, *Dictionnaire du mobilier*, verbo *harnois*, pag. 38.) On peut

déployer ni sur la droite, ni sur la gauche, leur grand nombre, au lieu d'être un avantage, dut être le plus grand de leurs embarras. Ils ne durent même pas pouvoir faire usage de leurs armes.

En fait, les chroniqueurs nous apprennent que l'armée de Montfort culbuta cette multitude aussi aisément *que le vent chasse la poussière*[1]. Les ennemis ne firent aucune résistance, et laissèrent les vainqueurs franchir la Louge et pousser en droite ligne vers le corps d'armée commandé par Pierre II[2]. La cavalerie de Foix et de Catalogne se retira comme elle put *(ut licitum fuit)* du milieu de cette multitude de fantassins affolés, et se rejeta brusquement en arrière, sans avoir perdu un seul homme[3] ni certainement pu fournir une seule charge.

La direction qu'elle adopta est encore un problème. G. de Puy-Laurens nous apprend qu'elle se rejeta : *in posterio-*

admettre pour chaque cavalier au moment de la charge, un intervalle de près de 2 mètres, ce qui porte à près de 200 mètres la longueur du front de bataille. Les Croisés durent donc pouvoir balayer du premier choc la plus grande partie de la largeur du défilé.

[1] Guil. de P.-L. (pag. 209 B) : « Adeòque hostes primo impetu subverterunt, quod eos à campo ut ventus à facie terræ pulverem propulsarunt. »

Relation officielle (pag. 89 B) : «Statim virtus Altissimi per manus servorum suorum hostes suos confregit et comminuit in momento; terga enim vertentes, in fugam facti sunt tanquam pulvis ante faciem venti. »

[2] Guil. de P.-L. (pag 208 E) : « *Rivum quemdam transeuntes in planitiem versus exercitum redierunt.....* »

Annales de Waverley (pag. 203 A) : .... « Omnes uno impetu, ut imperatum fuit..... *usque ad regem penetraverunt.* »

[3] Guil. de P.-L. (pag. 209 B) : « *... ut licitum fuit,* se *in posterio-res acies* collocarunt. »

Marca (pag. 233 B) : « Comites Tolose et *Fuxi fugerunt* cum suis, et *dimiserunt regem* in campo cum multo vituperio et dedecore illorum.... *De Catalonia siquidem mortuus nullus fuit.* »

Libre dels feyts de Catalunya (chap. XXII, pag. 313) : « Mas dels Catalans molts pochs ni varen morir. »

Chronique de Jacques d'Aragon (al. 9, pag. 16) : « Quels altres se desempararen en la batayla e *sen fugiren :* hi *de Catalunya* en Dalmau de Creixel, e Nuch de Mataplana, e en G. Dorta, e en Bn de Castelbisbal e *aquels fugiren ab los altres.* »

res acies. Si l'on entend par ces mots le corps d'armée qui venait immédiatement après les troupes catalanes, il faut en conclure qu'emportés par le mouvement de recul de l'avant-garde, les cavaliers qui la composaient furent projetés en arrière par la charge des Croisés jusque dans les rangs du corps de Pierre II, où ils durent jeter le désordre. Si par les mots *posteriores acies* on entend les derniers rangs de l'armée vasco-aragonaise tout entière *(posteriores partes acieis)*, ce texte signifierait que les Catalans, se dérobant à droite et à gauche sur les flancs du second corps aragonais, gagnèrent les derrières de l'armée, laissant leur souverain se tirer comme il pourrait du mauvais pas où il avait mis l'armée entière par sa fausse manœuvre [1].

Dans tous les cas, nous venons de voir, d'après le propre fils de Pierre II, que la plupart d'entre eux abandonnèrent aussitôt le champ de bataille. Nous examinerons plus bas

Roderic de Tolède (pag. 230 C) : « *Fuxensi* et Tolosano comitibus *tergu præbentibus cum aliquibus Catalanis.* »
Philippide (v. 805) : ...... *Fusinus* cum Tolosano
Ostendunt comites jam terga fugacia Francis.
Mouskes (v. 22379) : .... *Li quens de Foix* et de St-Gille
Escapaient toujours par Gille.

[1] Nous admettrions plus volontiers cette dernière version. Outre que les chroniqueurs espagnols (qui font autorité sur ce point) présentent la retraite des Catalans comme un abandon du roi d'Aragon sur le champ de bataille, observons que, d'après eux, les Catalans n'eurent presque personne de tué. Si, conformément à la première version, que nous combattons, ceux-ci avaient été rejetés sur le corps de Pierre II et pris entre ce corps et le front d'attaque des Croisés, ils auraient probablement péri comme les Aragonais de la maynade royale.

Notre opinion nous paraît du moins certaine en ce qui concerne les contingents de Foix (qui combattaient à l'avant-garde comme les Catalans). En effet, nous verrons (ch. IV, § 4) que lorsque Montfort voulut franchir à son tour la Louge avec son troisième corps, il fut arrêté, à son passage près de Rudelle, par un détachement qui ne peut avoir été qu'un débris des contingents du comte de Foix. Or, ces contingents, ayant appartenu à l'avant-garde, n'auraient pas pu se trouver sur ce point si, rejetés sur le corps de Pierre II, ils avaient combattu avec lui sur le terrain l'*Aragon*. Si l'on admet, au contraire, que, sur la charge des deux premiers escadrons des Croisés, ils se dérobèrent par un mouvement de flanc, ils purent rejoindre en amont les bords de la Louge et s'y trouver encore au moment où Montfort en tenta le passage.

les causes morales de cette retraite, fort peu naturelle chez
des troupes aussi intrépides que les soldats catalans du
XIIIme siècle [1].

En résumé, le résultat du premier mouvement commandé
par Montfort fut de détruire ou de disperser près de la
moitié de l'armée vasco-aragonaise, de découvrir son
centre, en faisant retomber sur lui tout le poids de la lutte,
et de compromettre le commandement de l'armée entière,
en engageant la personne même du roi dans une mêlée où
il pouvait perdre la vie.

§ III

SECOND MOUVEMENT DES CROISÉS

Nous avons vu que les deux premiers escadrons des
Croisés, en massant leurs forces, avaient réussi à percer
l'avant-garde ennemie, à franchir la Louge et à pousser
droit vers le second corps de bataille, commandé par
Pierre II, dont ils pouvaient maintenant distinguer la bannière [2].

C'est sur ce second objectif que fut concentré alors tout
l'effort de leur attaque.

Les chevaliers qui s'étaient ligués avec de Ville et de
Roucy étaient en mesure d'unir leurs efforts contre le roi
d'Aragon; car, grâce à la précaution qu'ils avaient prise de
se placer au second corps, ils devaient être encore intacts.
Tandis qu'ils cherchaient à reconnaître, d'après ses cou-
leurs, la personne du roi, leur attention fut attirée par le
seigneur qui avait endossé ses armes, et ce dernier fut
aussitôt attaqué par les conjurés. Mais, à la faiblesse de
sa résistance, les assaillants ne tardèrent pas à reconnaître

---

[1] Voyez ci-dessous (ch. VI) : aux « Causes de la victoire de Muret.»
[2] Guil. de P.-L. (pag. 209 B) : « Deinde ad regis aciem, ubi vexil-
lum ejus noverant, se convertunt....»
Guil. de P.-L. (pag. 208 E) : « Rivum quemdam transeuntes, in planitiem versus exercitum redierunt. »
Chronique de Waverley (pag. 203 A) : «... usque ad regem penetraverunt. »

leur méprise : « *Ce n'est pas le Roi !* s'écria de Roucy ; *le Roi est meilleur chevalier !* »

Pierre II avait entendu ces paroles. Mais, loin d'en tirer profit pour se soustraire au danger qu'elles lui révélaient, et qui menaçait l'armée entière en sa personne, il ne put supporter de laisser un des siens courir pour lui les périls d'une lutte inégale : « *Vous l'avez dit*, s'écria-t-il, *cet homme n'est pas le Roi, mais le voici !* » Et d'un coup de sa masse d'armes, il abattit un des conjurés. Mais les autres, attirés par son aveu, unirent leurs efforts contre lui et le mirent à mort[1].

La chute de Pierre II produisit au sein du corps qu'il commandait deux mouvements en sens contraire : une partie de ses soldats prit aussitôt la fuite[2]. Quant à la maynade royale, elle se jeta en désespérée sur ce cadavre et le défendit avec l'acharnement de la fidélité féodale. Là succombèrent les principaux seigneurs du royaume : Gomez de Luna, Miquel de Luzia, Miquel de Rada et les deux Pardo père et fils, qui expirèrent côte à côte[3].

[1] Baudouin d'Avesnes (f° 363) : « La seconde bataille vint après ; en chele ci estait messire Alain de Rouchy et messire Florens de Vile. Ilz virent celuy qui avait les armes le roi d'Aragon, sy ly coururent sus tous ensemble. Cil se deffendi au mieulx qu'il pot ; mais messire Alains de Rouchy, qui bien sçavait que le roi d'Aragon estait meudres chevalier que cil qui estait la entre eulx, escria ses compagnons et dit : *Che n'est pas le Roy ! che n'est pas le Roy !* Quant li roy d'Arragon, qui estait assez près du chevalier, entendi ceste parole, il ne se vault plus céler, ains fery avant comme vaillans chevalier et de grant cœur qu'il estait, et dit sy hault que bien se fist oyr : *Voirement n'est-ce pas le Roy ; mais ce es le chi !* Lors fiert ung chevalier qui devant luy estait d'une masse turquoise qu'il tenait, sy le fait voler à terre, et puis se lancha en la presse et commencha a faire merveilles d'armes. Quant messire Alain de Rouchy et ses compaignons virent chou qu'il faisait, bien le congnurent, se luy coururent sus tout a ung fais, sy l'avironnèrent, et tant se penèrent de luy grever qu'ilz l'ochirent.

[2] Baudouin d'Avesnes (*Ibid.*) : « Quand les Aragonais virent leur seigneur mort, ny ot plus d'arrest, ains se mirent à la fuite. »

Caffaro (liv. IV, pag. 405) : « In primo assaltu, invenerunt regem cum sua compagnia, interfecerunt et multos milites et pedites, et exercitum totum fugarunt. »

Reiner de Liége (p. 625 A) : « Rege in primo belli impetu occiso, de adversariis triumphavit. »

[3] Roderic de Tolède (pag. 230 C) : « Rex cum Aragonensibus in prœlio ceciderunt quia ipsi soli viriliter perstiterunt. »

Cette mêlée paraît avoir eu un caractère absolument opposé à celui de la précédente rencontre. La première charge des Croisés contre l'avant-garde ennemie avait dû ressembler beaucoup à nos combats modernes, où le rôle de chaque soldat s'efface dans l'action collective d'une troupe soumise à des mouvements uniformes. Mais sur le terrain l'Aragon, tout tendit au contraire à favoriser les duels corps à corps, à la manière homérique, lesquels étaient d'ailleurs bien plus conformes à l'esprit du temps. D'une part, l'entreprise des Croisés contre la vie du général en chef ne pouvait réussir que par des séries de combats singuliers. D'autre part, cette mort même du roi dut pousser ses fidèles Aragonais à toutes les fureurs irréfléchies du ressentiment individuel. Ce fut donc, selon toute apparence, une de ces mêlées incohérentes, où les hommes se détruisent sans aucun plan préconçu.

Aussi admettrons-nous volontiers la physionomie héroïque que les chroniqueurs des deux partis prêtent à ce combat. Nous croyons au récit de Raymond VII, disant plus tard à G. de Puy-Laurens que du haut de son observatoire il entendait le choc des épées sur les armures défensives, comme autant de coups de cognée s'abattant sur des arbres. Il suffit de lire les chroniqueurs espagnols ou romans pour retrouver dans leur langage ému la profonde impression que ce terrible fait d'armes avait laissée, longtemps après lui, dans l'opinion publique [1].

Marca (pag. 233 B) : « Dominus rex Petrus, cum suis tantum mortuus est ibi, quam mortem priùs elegit antequam verteret terga fugæ... In illo prœlio mortui sunt cum rege Aznard Perdo et Petrus Pert, ipsius filius, et Gomes de Luna, et Michael de Lutia, et plures alii barones Aragoniæ. »

Jacques d'Aragon (al. 9, pag. 16) : « Levat don Gomes de Luna, e don Miquel de Rada, e don Aznar Pardo, e alguns de sa maynada quey moriren...»

Guil. de P.-L. (p. 209 B) : « Mortuusque est ibi rex et magnates plurimi de Aragonia circa eum; cæteri autem terga fugæ dederunt et infiniti dum fugerent ceciderunt. »

[1] Jacques d'Aragon (al. 9, pag. 18) : « E aqui mori nostre pare : car aixi ho a usat nostre liynatge totz temps, que en les batayles quels an feytes ne nos farem de vencre o morir. »

Guil. de P.-L. (pag 209 B, A): « Tanta pressura in ipsum irruunt quod armorum collisio et sonus ictuum ad locum ubi erat ipse qui hoc

Par le même motif, nous pensons que cette série de combats singuliers dut se prolonger fort longtemps. On voudra bien observer que les Croisés n'étaient qu'au nombre de 600, qu'au début de l'action ils eurent affaire à une troupe beaucoup plus nombreuse et que, même après la mort du roi, ils restèrent aux prises avec les 500 hommes de la maynade. Ces champions, résolus à mourir avec leur souverain, durent lutter jusqu'au dernier souffle. Or, grâce à la perfection des armures défensives du temps, les blessures mortelles étaient fort longues à donner. Le combat se prolongea si longuement qu'avant qu'il ne fût terminé, Montfort eut le temps (ainsi que nous allons le voir) d'arriver au secours de ses deux premiers escadrons, en décrivant un immense détour de plusieurs kilomètres, et en culbutant un détachement de cavalerie qui était venu lui barrer le passage.

De là nous concluons que les deux derniers corps gascons, qui étaient encore intacts, auraient eu le temps d'arriver au secours de Pierre II.

Il est cependant positif que la maynade royale fut laissée dans un abandon absolu. Outre que tous les chroniqueurs

dicebat, aëre ferebatur, ac si multæ secures nemora detruncarent... (Sicut audivi referentem dominum Raymundum, ultimum Tolosæ comitem, qui tunc, tanquam ætate inhabilis ad pugnandum, eductus fuit de castris in equo libero ad locum eminentem unde commissionem videre poterat). »

Canso (v. 3066) : E van trastuit en la on fol Reis conogutz.
El escrida : *Eu sol reis !* mas no i es entendutz,
E fo si malament e nafratz e ferutz
Que per meja la terra s'es lo sancs espandutz.
E loras cazec mortz aqui totz estendutz.
E l'autri caut o viro tenos per deceubutz ;
Qui fug sa qui fug la : us no s'es defendutz...

Version en prose (pag. 153 D) : « E lo rey d'Arago son estats grandamen eshahitz quand ainsin an vistes los enemics venir sur els ; car tot quant que rencontravan davant els metien a mort per terra, que *mels sembluran tigres o orses afamats, que gens rasonabla....* que *era grand pietat de veser* lo grand monde que tombava per terra, los ungs mortz, los autres blessats. Et de faict lodit rey d'Araguo an rencontrat, et dessus an frapat : loqual rey quand a vista la grand tuaria e desconfitura que l'on fasia de sas gens, el s'es metut a cridar tant qu'a pogut : *Araguo ! Araguo !* mais nonobstan tot son cridar, el meteys y demouret, et fuc tuat sur lo camp amay totas sas gens, ne escapet algun, que fonc gran donnatge de la mort deldit rey. »

sont unanimes sur ce point, nous pouvons nous en remettre à l'affirmation du roi Jacques d'Aragon, qui cite par leurs noms, et ceux qui moururent autour de son père, et ceux qui le délaissèrent, et les témoins de qui il tient ces détails, comme l'on pourrait faire aujourd'hui dans la plus rigoureuse enquête judiciaire [1].

Constatons seulement que si les alliés de Pierre II ne vinrent pas à son secours, ils n'y furent pas non plus appelés ; car la mort de leur général en chef, survenue, comme on le voit, dès le début de l'action, anéantit le seul commandement qui eût qualité pour faire avancer ces renforts. Il n'est même pas démontré qu'ils aient connu à temps le péril où se trouvait le roi d'Aragon. L'énorme distance où ils étaient placés et la poussière que les combats de cavalerie soulèvent toujours en été, dans nos régions méridionales, ne durent pas leur permettre de distinguer les détails de la lutte. L'effectif de Pierre II ayant été, au début de cette rencontre, supérieur en nombre à celui des Croisés, les autres corps d'armée ont très-bien pu le croire vainqueur jusqu'au moment où Montfort victorieux vint les menacer eux-mêmes. Il est du moins certain que ce fut là le motif de l'immobilité des milices toulousaines, car nous allons voir (chap. IV, § 5) que, même après que tous les autres corps eurent été détruits et dispersés, les Toulousains les croyaient si bien victorieux qu'ils vinrent recommencer l'attaque de Muret pour recueillir les fruits de la victoire.

---

[1] Jacques d'Aragon (al. 9, pag. 16) : « E foren ab el Darago don Miquel de Luzia, e don Blascho Dalago, e don Riderich Liçana, e don Ladro, e don Gomes de Luna, e don Miquel de Rada, e don G. de Puyo, e don Açnar Pardo, e daltres de sa maynada moltz, e daltres qui a nos no poden membrar : mas tant nos membre quens dixeren aquels quey avien estat, e sabien lo feyt, que levat don Gomes, e don Miquel de Rada, e don Açnar Pardo, e alguns de sa meynada quey moriren, quels altres se desempararen en la batayla, e sen fugiren : hi de Catalunya, en Dalmau de Crexel, et Nuch de Mataplana, e en G. Dorta, en Bn. de Castel-Bisbal e aquels fugiren ab los altres. Mas be sabem per cert que don Nuno Sanxes e en G. de Moncada.... no foren en la batayla.

§ IV

TROISIÈME MOUVEMENT DES CROISÉS

Montfort, n'ayant employé que ses deux premiers escadrons pour l'attaque sur la rive gauche de la Louge, se trouvait encore sur la droite avec son troisième corps, tandis qu'avait lieu la mêlée autour du cadavre du Roi.

Ne pouvant distinguer d'aussi loin les détails de cette scène, il n'était pas sans inquiétude sur son résultat.

P. des Vaux de Cernay nous apprend que, du point où il se tenait en observation, les deux premiers escadrons paraissaient si profondément aventurés au milieu de leurs nombreux ennemis, qu'ils n'étaient même plus visibles [1].

Observons, en effet, que leur corps d'attaque avait dû enfoncer successivement les centres de deux corps d'armée sans se garder sur les ailes.

Selon la comparaison des auteurs de la Relation officielle, l'avant-garde albigeoise avait été balayée *comme la poussière par un coup de vent*. Mais, de même que les particules de terre, soulevées par une rapide colonne d'air, s'éparpillent autour d'elle et se reforment en nuée sur ses derrières, de même cette masse de vaincus de toute arme, après avoir été percée par le milieu et laissée en arrière, devait maintenant se déployer confusément sur la rive gauche de la Louge. Elle y formait sans doute un rideau de fuyards affolés qui dérobait à Montfort la vue de ses soldats. En outre, le corps d'armée de Pierre II, ayant été au début de l'action plus nombreux que ses assaillants, avait probablement débordé en longueur leur front de bataille. Poussé vivement sur son centre, où devait se trouver la bannière royale, il avait dû reculer en combattant, tandis que ses ailes, n'ayant pas d'obstacles en face d'elles, restaient flottantes autour des flancs de l'armée croisée.

Il put donc y avoir un moment où les deux premiers escadrons de Montfort, arrêtés dans leur élan en avant par

[1] Petr. V. S. (p. 87 B) : « Videns comes noster duas acies suas in medios hostes immersas, et quasi non comparere. »

la résistance du Roi, parurent littéralement enveloppés aux yeux du spectateur posté sur la rive droite de la Louge.

Leur situation était réellement exposée à de sérieux périls.

Si le comte de Toulouse avait mis à profit le temps d'arrêt qu'éprouvait le mouvement en avant des Croisés pour appuyer les Aragonais qui se défendaient encore, et envoyer les milices toulousaines couper la retraite aux assaillants en s'avançant de Perramon le long de la Louge, il aurait pu mettre les deux premiers escadrons de Montfort dans une position très-grave : ceux-ci, pris de trois côtés, obligés de décliner vers leur flanc droit et de combattre finalement avec la Garonne à dos, auraient réalisé à leur insu le plan de bataille proposé la veille par Raymond VI. Là, le comte de Toulouse pouvait prendre une honorable revanche des mépris du roi d'Aragon, et recueillir pour lui-même tout le profit de la journée.

Il ne saisit pas l'occasion qui lui était offerte ; mais Montfort n'en devait pas moins admettre cette éventualité, car elle était la réplique naturelle à l'offensive qu'il avait prise sur la rive gauche de la Louge.

C'était probablement en prévision de ce péril que le général croisé était resté en réserve sur la rive droite. Ce fut évidemment pour y obvier qu'il opéra la manœuvre suivante :

Faisant faire tête à gauche à son troisième corps, il remonta la rive droite de la Louge vers les tentes toulousaines, jusqu'au marais de Rudelle, point où la Louge était guéable. Les Vasco-Aragonais paraissent avoir considéré ce point comme inaccessible à la cavalerie. Mais un examen plus attentif avait révélé à Montfort l'existence d'un étroit sentier, où il s'engagea aussitôt à la tête de ses hommes, pour se rabattre ensuite par sa droite sur les flancs du corps de Pierre II [1].

---

[1] Petr. V. S. (p. 87 B) : « *Irruit à sinistra in hostes qui stabant ex adverso innumerabiles...* Statim irruens comes in hostes prænotatos, et licet non videret aliquam viam per quam ad eos posset pertingere, *invenit tandem in fossato modicissimam semitam,* ordinatione divina, ut credimus, tunc paratam, *per quam transiens in hostes se dedit,*

Un aussi long mouvement n'avait pas pu rester inaperçu.
Quand les Croisés arrivèrent sur l'autre bord du marais, ils
y trouvèrent un détachement prêt à leur disputer le passage[1].
Au moment où Simon de Montfort, en tête de ses hommes,
s'élançait seul pour en remonter l'escarpement, un chevalier ennemi l'assaillit de coups si furieux, portés de
haut en bas, sur le côté droit de la tête, que Simon rompit la
courroie de son étrier gauche, sur lequel il pesait de tout son
poids, pour résister aux coups. En même temps l'éperon
droit, avec lequel il cherchait à stimuler sa monture, s'engagea dans la couverte et s'y brisa. Mais, par un effort
suprême, Montfort finit par escalader le talus, et dans une
lutte corps à corps avec son adversaire, lui asséna sous le
menton un coup de poing si formidable, qu'il le jeta à bas
de son cheval [2].

Cette homérique entrée en scène, jointe sans doute à la

et, ut pote miles christi fortissimus, ipsos fortissime penetravit. »
Canso (v. 3044) : Que per aquest *semdier* nos convindra passar,
  C'anem *dreit a las tendas* com per batalha dar.
  3056.   E *van dreit a las tendas*.
  Tuit s'en van a las tendas per mejas las paluts.

Nous inclinons à penser que Montfort choisit, pour passer la Louge
à gué, le point le plus éloigné de Muret et le plus voisin de Rudelle.
C'est d'abord le point qui, selon l'expression de la Canso, coïncide le
mieux avec le centre des terrains inondés (*per mejas las paluts*).
Remarquons en outre que, puisque le but de la manœuvre du chef des
Croisés était d'opérer une diversion sur sa gauche, son mouvement
devait s'étendre assez pour déborder l'aile droite des ennemis et les
prendre en flanc. Pour cela, il fallait s'éloigner le plus possible de
Muret et venir raser le pied du camp toulousain. Si Montfort avait
choisi un passage plus voisin de la ville, au lieu de tourner le corps
d'armée de Pierre II, il aurait ramené ses troupes presque sur les
derrières de ses deux premiers escadrons.

1 Petr. V. S. (p. 87 B) : «Stabant autem ordinati od pugnam juxta
fossatum quoddam, quod erat inter ipsos et comitem nostrum.»

2 Ibidem : «Nec silendum est quod, cum comes vellet in ipsos
irruere, ipsi eum cum gladiis suis tanto nisu a parte dextera pupuge-
runt quod pro nimia ictuum impulsione ruptus est ei staphus sinis-
ter : nobilis vero comes calcar sinistri pedis voluit infigere coopertura
equi ; sed ipsum calcar confractum de pede resilivit. Miles tamen
validissimus non cecidit, sed hostes validè percussit. Quidam autem
de adversariis comitem nostrum validè percussit in capite : vir autem
nobilis dictum militem cum pugno cecidit subtus mentum, et de equo
cadere fecit.»

terreur qu'inspirait sa personne, démoralisa le détachement ennemi, qui prit aussitôt la fuite [1].

Le chef des Croisés, reprenant alors son ordre de bataille, se rabattit sur le flanc droit du corps aragonais qui résistait encore. Ce corps se trouva donc réduit à combattre dans la proportion de 500 hommes contre 900.

Pris entre deux attaques dont les directions perpendiculaires l'une à l'autre culbutaient sa droite sur son centre, il dut décliner vers la gauche et reculer jusqu'à la Garonne, probablement à la hauteur de Joffreri. Ce qui est du moins affirmé par les chroniqueurs, c'est qu'à la suite de ce mouvement, tous les combattants qui se trouvaient en face des deux premiers escadrons des Croisés furent noyés ou massacrés [2].

Mais le comte de Montfort ne les poursuivit pas dans cette déroute, pour l'achèvement de laquelle ses deux premiers escadrons étaient désormais suffisants. Ralliant son troisième corps, il cessa de combattre et se tint en réserve, prêt à faire tête de tous les côtés pour le cas où l'ennemi tenterait un retour offensif [3].

---

[1] Petr. V. S. (p. 87 C) : « Quod videntes socii dicti militis, qui infiniti erant, sed ut cæteri omnes adversarii nostri victi citiùs et confusi, fugæ præsidia quæsierunt. »

[2] *Ibidem :* « Quod videntes nostri, *illi videlicet qui fuerunt in prima acie et in secunda* instantissimè insecuti sunt fugientes et gravissime prosecuti ; extremos etenim cædentes, ex ipsis multa millia occiderunt.»

Guil. de P.-L. (p. 209 B) : « Mortuusque est ibi rex et magnates plurimi de Aragonia circa eum ; cæteri autem terga fugæ dederunt et infiniti dum fugerent ceciderunt. »

Relation officielle (p. 89 B) : « Alii, vitantes gladios, aquæ periculo perierunt, quamplures vero fuerunt in ore gladii devorati.»

Chronique de Waverley (p. 203 A) : « Sicque demum contritus est exercitus regis et undique gladio cæsus.... quo interfecto exercitus omnis dispersus est, multis simul interfectis absque numero.»

Reiner de Liége (p. 625 A) : « Vel gladius devoravit, vel Gerunta fluvius demersit. »

Baudouin d'Avesnes (fº 363) : « Ly quens Simon et les siens les encachèrent viguereusement, s'y en ochirent plusieurs milliers.»

[3] Petr. V. S (p. 87 C, D) : « *Comes vero noster et qui illi cum eo erant, lento cursu post nostros insequentes, de industria sequebantur, ut si forte hostes conglobarent se et resumerent animos resistendi, nostri qui fugientes hostes divisi alter ab altero seque-*

On sait en effet que les contingents gascons n'avaient pas encore combattu. Conformément à leur ordre de bataille primitif, ils devaient occuper, les uns les hauteurs de Perramon, les autres l'intervalle compris entre Seysses et les Pesquès. Ils pouvaient donc prendre à revers l'armée croisée. Ainsi que le dit P. des Vaux de Cernay, tandis que le deuxième corps aragonais déclinait en combattant vers la Garonne, Montfort avait à surveiller deux directions opposées (*hostes divisi alter ab altero*).

Outre les 20,000 hommes de milices toulousaines, il devait rester au comte de Toulouse ses propres contingents à cheval, ainsi que ceux de Comminges, formant un effectif total d'au moins 1,000 cavaliers. Sa position stratégique était excellente dans l'angle compris entre Seysses et les Pesquès, où il ne pouvait pas être tourné, étant flanqué sur sa gauche par les bords à pic du ruisseau et sur sa droite par les hauteurs fortifiées du camp vasco-aragonais. Là il aurait pu retenir en face de lui les 300 hommes de Montfort, tout en rappelant ses 20,000 fantassins de Perramon. Ceux-ci, en se postant sur sa droite, derrière les retranchements du camp, auraient alors pris en écharpe par leur tir plongeant la ligne de bataille des Croisés. Dans une pareille situation, Montfort n'aurait pas pu enlever le camp sans être pris en flanc par la cavalerie gasconne, ni faire face à la cavalerie sans être décimé par l'infanterie.

Raymond VI ne mit pas à profit cette situation. A l'approche des Croisés il battit en retraite, abandonnant ses milices toulousaines sur les hauteurs de Perramon [1]. Mais la force de la position qu'il délaissa ainsi explique peut-être pourquoi Montfort ne voulut rien tenter contre lui

bantur ad comitem possent habere recursum. Nec silendum quod comes nobilissimus non est dignatus in bello aliquem percutere, ex quo fugientes vidit et vertere sibi tergum.»

[1] Marca (pag. 233 B) : «Comites Tolose et Fuxi fugerunt cum suis, et dimiserunt regem et militiae florem in campo cum multo vituperio et dedecore illorum qui cum sic dimiscrant in campo. » Version en prose de la Canso (p. 153 E) : « Et adonc quand lodit comte Ramon, les de Foix et Camenge an vista touta la dita desconfitura et an saubut que lodit rey era mort, adonc se son metuts en fuita que may a pogut tiran devers Tolosa. »

et se borna à le tenir en respect par la ferme attitude de ses 300 hommes. Simon voulait sans doute attendre que le retour de ses deux autres escadrons lui permit de reprendre l'offensive. Même après que Raymond VI eut abandonné le terrain, le général croisé ne permit pas à ses troupes de poursuivre les fuyards hors du rayon du champ de bataille. Il rallia ses trois corps et les ramena vers Muret, où un singulier incident rendait sa présence nécessaire [1].

§ V

ATTAQUE DES MILICES TOULOUSAINES

Pendant que Montfort achevait près de Joffrery la victoire de ses deux premiers corps, les milices bourgeoises de Toulouse, stationnant sous les armes vers les hauteurs de Perramon, ignoraient encore ce qui se passait à l'autre extrémité du champ de bataille, et se croyaient même victorieuses [2].

Elles avaient pu voir passer à leurs pieds la charge des deux premiers escadrons, puis celle que dirigeait le géné-

Mouskes (v. 22379) : Li quens de Foix et de St-Gille
    Escapaient tousjors par Gille,
    Et li quens ausi de Comminges,
    Qui leur fist estreper les vignes.
Guil. de P.-L. (p. 209 B) : « Ipsi quoque comites Tolosanus et Fuxensis et alii fugæ præsidio evaserunt. »
Roderic de Tolède (p. 230 C) : « Fuxensi et Tolosano comitibus terga præbentibus. »
Philippide (v. 805) : .... Fusiuus cum Tolosano
    Ostendunt comites jam terga fugacia Francis.
[1] Baudouin d'Avesnes (fº 363) : « Ly quens ne vault mie cacher moult loing. Ains retourna vers Muriaux. »
[2] Guil. de P.-L. (p. 209 B) : « Populus autem Tolosanus, de castris ubi erant vallati curribus et aliis impedimentis, adhuc cui cessisset victoria ignorabat. »
Petr. V. S. (pag. 87 D) : « Dum hæc agerentur, cives Tolosani qui remanserant in exercitu infiniti et ad pugnam parati...... responderunt quod rex Aragonensis vicerat omnes nostros. »
Relation officielle (pag. 89 C) : «..... Qui de strage residui, adhuc intra sua tentoria morabantur.... In sua perseverantes malicia, et se, qui jam victi erant, vicisse christi populum autumantes.....»
Philippide (v. 810) : Stabat adhuc Tholosana phalanx prope fluminis undas
    Millia deua quater in papilionibus altis.
    Observans aditus castri e regione sinistra.

ral en personne ; mais ces combattants avaient dû disparaître dans l'éloignement et la poussière. Enfin, sur les derrières et sur les flancs de cette poignée de Croisés, était venue s'agglomérer la nuée des soldats de l'avant-garde, dispersés par ces deux charges, et qui, à raison de leur nombre, devaient encombrer le champ de bataille, comme s'ils en étaient restés maîtres. Les Toulousains pouvaient donc maintenant considérer leurs ennemis comme enveloppés et condamnés à une mort certaine, qu'ils étaient venus chercher glorieusement sur le champ de bataille.

La pensée vint alors à ces milices de prendre aussi leur part de la victoire en recommençant l'attaque de Muret, interrompue par le passage des Croisés, et dont les engins de siége devaient encore se trouver abandonnés à la même place [1]. L'entreprise était de nature à les tenter ; car, outre que le saillant de la porte de Tolose devait être démantelé par les deux assauts précédents [2], les Toulousains avaient pu constater par leurs yeux qu'il ne restait plus dans la ville de troupes en état de la défendre. On pouvait donc facilement mettre la main sur la riche capture des sept évêques et des trois abbés qui y siégeaient.

En les voyant approcher, l'évêque de Toulouse, qui avait reçu avis de la victoire de Montfort, voulut éviter un carnage inutile. Il dépêcha un émissaire aux assaillants pour leur apprendre la véritable issue du combat, les engager à se rendre et leur offrir, à cette condition, sa protection per-

---

[1] Petr. V. S. (pag. 87 D) : « Cives Tolosani..... in expugnando castro totis viribus laborabant. »

Baudouin d'Avesnes (fol. 353) : « En son retour (Montfort) trouva ceulx de Thoulouse qui avaient assailli Muriaux. »

Philippide (v. 815) : Quos (Tholosanos) cum vidisset Bernardus....
Expectare quasi bellum renovare volentes.

Canso (v. 3063) : Et lome de Tolosa i sou tuit corregutz.

(S'il est vrai, comme le reconnaissent les chroniqueurs des deux partis, que l'avant-garde ait assailli avec des engins de siége le saillant de la porte de Toulouse, il nous paraît impossible que la sortie foudroyante de Montfort lui ait laissé le loisir de ramener au camp ces lourdes machines. Elles durent donc être abandonnées sur place par les fuyards. L'infanterie croisée ayant été consignée dans Muret et la cavalerie n'ayant fait que passer rapidement à côté d'elles, les Toulousains durent les retrouver à la même place.)

[2] *Canso* (v. 2917) : E trencatz los solers els alberes barrejats.

sonnelle. Comme gage de sa promesse, l'évêque leur envoya le capuchon dont il était couvert en sa qualité de religieux[1].

Mais, ne pouvant croire à une aussi invraisemblable nouvelle, qui dut d'ailleurs accroître leur irritation, les Toulousains maltraitèrent l'ambassadeur et le blessèrent de coups de lance, après lui avoir arraché son gage de sûreté[2].

Au même instant, apparurent les étendards de Montfort qui revenait à Muret. Son aspect inattendu démoralisa les milices toulousaines, qui abandonnèrent aussitôt le terrain[3]. Chargées par les vainqueurs dans la direction de la Louge, à

[1] Petr. V. S. (pag. 87 D) : « Quod videns episcopus Tolosanus, qui erat in castro..... eorumque miseriæ compatiens, quemdam virum religiosum misit ad eos, monens et consulens ut jam tandem converterentur.... armaque sua deponerent, et ipse eos eriperet à morte imminenti, in cujus assecurationis testimonium misit eis cucullam suam, monachus quippe erat. »

Relation officielle (pag. 89 C) : « Tolosanus episcopus Tolosanorum stragi.... compatiens..... missa eis per quemdam religiosum virum cuculla qua indutus erat, mandavit eis quod... arma sua deponerent... et eos salvaret de morte. »

Philippide (v. 815) : Quos cum vidisset Bernardus præsul eorum
Qui tunc cum reliquis Murelli in turre manebat
Expectare quasi bellum renovare volentes,
Significavit eis ut se convertere vellent
...... Finemque imponere bello.

(Nous avons vu (chap. III) qu'au moment où Montfort allait combattre, les prélats s'étaient retirés dans une église pour y prier en attendant la mort. Nous voyons maintenant qu'à la fin du combat ils se trouvaient encore dans Muret. On peut donc en conclure, comme nous l'avons dit plus haut, que le clergé ne prit aucune part à la lutte).

[2] Petr. V. S. (pag. 87 D) : « Illi autem utpote obstinati....... responderunt quod rex Aragonensis vicerat omnes nostros... et hac de causa aufferentes cucullam nuncio, ipsum lanceis graviter verberarunt. »

Relation officielle (pag. 89 C) : « Qui (Tolosani)....... non solum parere sui episcopi admonitionibus contempserunt, verùm etiam ablata cuculla, ipsum nuntium austerius verberarunt. »

Philippide (v. 821) : Ast illi famulum pietatis verba ferentem
Cædere theutonico non erubuere flagello,
Et cum verberibus indigna opprobria passo,
Vix licuit paucis cum dentibus inde reverti,
In signumque illis à sancto præsule missam
Præsumpsere stolam variis discingere plagis.

[3] Petr. V. S. (pag. 87 D, E) : « Interea milites nostri revertebantur à cæde cum victoria gloriosa, venientesque ad prædictos Tolosanos, ex ipsis plura millia occiderunt. »

laquelle elles devaient s'appuyer en ce moment, elles furent en partie massacrées dans le lit du ruisseau, contre l'escarpement de sa rive droite [1].

Le reste se replia vers Perramon et tenta de se défendre

Puy-Laurens (pag. 209 :) : « Donec redeuntium ex tropheo vexilla notantes.... evaserunt. »

Relation officielle (pag. 89 C) : « Cum victores à cæde et persecutione hostium reverterentur cum victoria gloriosa...... Christi militia, recursum faciens...... interemit. »

Baudouin d'Avesnes (fol. 363 et suiv.) : « En son retour trouva ceulx de Thoulouse...... Il en ochit la plus grant partie et le remanant s'en fuy. »

Philippide (v. 827) : Qua super ut comiti re certificatio facta est
A Domini bello summa cum laude reverso.
....
Illa invicta cohors inimica in castra feruntur.

[1] Canso (v. 3076) : Entro sus al riuet es lo chaples tengutz.

Fauriel et Meyer écrivent Rivel. Il nous semblerait plutôt lire, dans le texte original, le mot : riuet (diminutif du mot roman : riu, rivière). Le riuet serait, à notre avis, ce rivum que les chroniqueurs signalent comme ayant été traversé par les Croisés pendant leur première attaque, c'est-à-dire ce bras de la Louge qui coule au pied de Muret, qui devait être alors de création récente, et dont le nom (petite rivière) ne serait ici qu'une opposition à la grande rivière de la Garonne, dans laquelle il se jette en cet endroit. Voici nos motifs :

1° On ne saurait contester que le mot riuet ait toujours signifié en roman un petit cours d'eau. Peyre Vidal a écrit : « Sobr' un prat, josta un riuet ; venguim abduy..... » (Raynouard, Lexique roman, tom. V, pag. 99).

2° Le bras de la Louge dont nous parlons est désigné sous ce même nom de riuet dans une charte de 1090 portant création d'un rempart autour du mercadar de Muret. Il est indiqué comme une des limites de la perception du droit de leude au profit du prieuré de St-Germier. — Voyez ci-dessus : chap. I, pag. 6, note 3, et cartulaire de Lezat, Bib. nat., fonds latin, 9189, fol. 279, verso, col. 1.

3° Enfin le parcours de ce bras de la Louge s'adapte exactement au tracé du mouvement offensif des Toulousains. En effet, la Louge coule au pied même de Perramon. Les Toulousains durent constamment suivre son cours pour aller de Perramon à la porte de Toulouse. Pour attaquer le saillant de cette porte, leur droite dut s'appuyer sur ce cours d'eau. Montfort, revenant au contraire de Joffrery, dut les charger sur leur flanc gauche et par conséquent jeter dans la Louge (entro sus al riuet) tous ceux qui n'eurent pas le temps de regagner le camp albigeois.

Dans tous les cas, que l'on admette la forme : riuet ou Rivel, nos deux derniers motifs nous portent à penser que le Rivel n'était autre que la Louge.

derrière les retranchements du camp, mais la position fut
facilement enlevée, et les tentes toulousaines devinrent un
immense champ de massacre et de pillage[1]. Un groupe de
vaincus, qui occupait sans doute la partie du camp la plus
voisine de Seysses, eut le temps de gagner la Garonne, sous
la conduite de Dalmas d'Enteiseilh (ou de Creixel) et fut
recueilli et sauvé par la flotte gasconne. Beaucoup d'autres
périrent dans les flots, en s'efforçant de rejoindre le même
asile[2].

§ VI

ENSEMBLE DES MANŒUVRES
ET OPINION DE JACQUES D'ARAGON

Ce dernier épisode termine la série des faits militaires
que nous avons pu discerner dans les différentes versions
de la bataille de Muret.

[1] *Philippide* (v. 835) : Non audet Tholosana phalanx exire furenti
    Obvia Francigenæ, numero sed fisa suorum,
    Se que putans infra sua castra resistere paucis,
    Obstruit introïtus et se defendere tentat.
    Sed breve per tempus, Domini viduata favore,
    Terga dat; et tantos nequiens suffere furores,
    Se cædi patitur et cedit turpiter hosti.
Relation officielle (pag. 89 C) : « Per quos christi militia recursum
faciens, circa sua diffugientes tentoria interemit. »
Puy-Laurens (pag. 209 C) : « In campi planitie cæsi gladiis ceci-
derunt. »
Canso (v. 3072) : Qui fug sa qui fug la : us no ses defendutz ;
    E li Frances lor corro e an totz lor destruitz.. .
    ..... E lome de Tolosa, c'als traps son remasutz,
    Estero tuit essemps malament desperdutz.
Version en prose (pag. 153, 154 A) : « Adonc se son metuts
en fuita, que may a pogut tiran devers Tolosa ; et lor sety an
desemparat...... ont fouc faita una granda perda per los deldit
Tolosa ; laont moriguen grand monde deldit Tolosa, car se salvava
que podia. »
Baudouin d'Avesnes (fol. 363) : « Il en ochit la plus grand partie et
le remanant s'en fuy. »
Reiner de Liége (p. 625 A) : « Comes... de adversariis triumphavit,
quos vel gladius devoravit.... »
[2] *Canso* (v. 3079) : En Dalmatz d'Enteiselh es per l'aïga embatutz.
    .... El pobles de Tolosa, et lo graus el menutz,
    Sen son trastuit essems ves l'aïga corregutz,
    E passon cels que pogon, mas mots n'ia remasutz ;
    L'aïga, ques rabineira, na negatz et perdutz.

Pour en apprécier la valeur tactique, il nous a fallu les isoler les uns des autres, malgré la confusion dans laquelle les présentent la plupart des chroniqueurs. Mais, en les groupant ensuite d'après les précisions locales que nous avons pu restaurer, il nous semble avoir réussi à établir entre eux un certain enchaînement historique commandé par la logique même des lieux [1].

On peut constater maintenant que ce classement topographique a suffi pour reconstituer l'ensemble d'une bataille dont chaque manœuvre a sa raison d'être, et peut se justifier rigoureusement par les principes de l'art militaire moderne.

Si étrange que ce résultat puisse paraître, et nous ait paru à nous-même au premier abord, il serait encore plus invraisemblable qu'un concours aussi rationnel de combinaisons militaires pût être le fruit d'un simple hasard.

Enfin, et pour compléter notre démonstration, on nous permettra de placer ici un document qui a pour nous la plus grande importance historique, et qui a triomphé de nos dernières hésitations : c'est le jugement de la bataille de Muret par le roi Jacques d'Aragon. On connaît la haute compétence militaire et l'impartialité proverbiale de ce chroniqueur, qui fut d'ailleurs le propre fils du vaincu de Muret. Tout en s'exprimant sur ce fait d'armes avec la concision d'un soldat et la réserve d'un fils évoquant des souvenirs douloureux, le roi Jacques émet, sur l'ensemble de

---

Guil. de P.-L. (p. 209 C) : « Ad navigium quod habebant in Garonnæ littore concurrerunt, et qui potuerunt ingredi evaserunt ; cæteri vel submersi.... ceciderunt. »
Reiner de Liége (pag. 625 A) : « Vel Gerunta fluvius demersit. »
[1] Ainsi il nous paraît évident que l'attaque de la porte de Toulouse et la sortie par la porte de Sales ont dû précéder le combat du terrain l'*Aragon* et que le mouvement tournant par les marais de Rudelle n'a pu qu'être postérieur à cette dernière mêlée, quoiqu'il en ait décidé le succès final. De même, nous avons placé la retraite du comte de Foix et des Catalans bien avant celle des comtes de Toulouse et de Comminges, parce que les premiers, ayant combattu à l'avant-garde devant la porte de Toulouse, durent être écrasés dès la sortie de Muret, tandis que les deux autres, postés en arrière du terrain l'*Aragon*, ne purent songer à fuir que lorsque Montfort vint les y menacer.

la bataille, des conclusions qui confirment rigoureusement celles de notre propre travail.

Indépendamment des causes morales, l'auteur attribue la défaite de son père à quatre causes tactiques : 1° les Croisés eurent l'art de masser plusieurs corps en un seul (*exiren combatre ensemps en una*) ; 2° les troupes du roi, au contraire, ne surent pas se concentrer ni adopter un bon ordre de bataille (*no saberen renga la batayla ni anar justats*); 3° chaque chef de corps eut le tort de s'isoler dans le combat, de ne suivre que son inspiration personnelle (*e ferien cada un rich hom per si*) ; 4° l'armée vasco-aragonaise fit de chaque arme un usage peu judicieux, contraire à sa nature (*ferien contra natura darmes*) ; 5° la défaite des Vasco-Aragonais eut pour cause un mauvais ordre de bataille (*lo mal ordonament*) [1].

Chacune de ces quatre causes nous paraît être la justification de nos propres commentaires :

I. *Ferien contra natura darmes.* — Nulle expression ne peut rendre d'une manière plus technique les causes de la défaite de l'avant-garde ; car le rôle de chaque arme y fut littéralement *dénaturé*.

Pierre II, désireux à la fois et de pénétrer violemment dans Muret, et d'écraser Montfort s'il tentait d'en sortir, entassa à son avant-garde, et un matériel de siége (pour pratiquer la brèche), et des troupes de toute arme (pour tenir tête aux sorties des Croisés). Il ne réfléchit pas que des armes aussi diverses avaient des fonctions fort différentes et qu'elles pourraient se nuire mutuellement si elles étaient trop rapprochées.

Ainsi, pour ouvrir la brèche, il fallait, au XIIIe siècle, que les machines de guerre serrassent les remparts de très-près, vu la faible portée de leurs projectiles. Au con-

---

[1] Jacques d'Aragon (al. 9, pag. 17) : « Lo comte Simon e aquels de dins...... exiren *combatre ensemps en una*.

» E aquels de la part del rey *no saberen rengar la batayla ni anar justats, e ferien cada un rich hom per si, e ferien contra natura darmes*.

» Et per lo *mal ordonament*..... hac se a vencre la batayla....»

traire, pour soutenir une sortie de Montfort, il fallait
employer la cavalerie, et cette arme veut de l'espace. Engagée sous la porte de Toulouse, au milieu des mangonneaux
et de leurs mantelets, la cavalerie manqua de place et ne
fut qu'un embarras.

L'infanterie elle-même avait des fonctions fort différentes, suivant qu'elle servait un siége ou une bataille. En
rase campagne, elle devait se déployer en tirailleur devant
la cavalerie ou se poster derrière elle en soutien, mais jamais
stationner au milieu de ses rangs [1]. Pendant les siéges, sa
place était au contraire dans le voisinage des machines,
afin de protéger par son tir la manœuvre de leurs servants.
A la porte de Toulouse, l'infanterie, étant insérée en avant
des engins, se trouva confondue avec la cavalerie et y perdit

[1] Ceci est le principe tactique que les généraux s'efforçaient de faire
prévaloir ; mais, en fait et sur le champ de bataille, il n'y a peut-être
pas de règle qui ait été plus fréquemment violée par la turbulence et
l'indiscipline féodales : en ordre de marche, chaque chevalier chemi-
nait côte à côte avec son infanterie, qui lui rendait les mille services
dus par le serf à son seigneur. De là résultait qu'en ordre de bataille
ce dernier éprouvait la plus grande répugnance à s'en séparer, car
c'est surtout dans la mêlée qu'il pouvait lui être utile, particulièrement quand le seigneur était désarçonné. Aussi les miniatures du
XIIIᵐᵉ siècle représentent-elles souvent des archers combattant pêle-
mêle avec les cavaliers. (Viollet-Leduc ; *Mobilier*, verbo : *Arc*, p. 46.)
Même en se renfermant dans son rôle normal, l'infanterie avait
encore bien des occasions de se mêler à la cavalerie. Déployée devant
elle pour faire office de tirailleur, l'infanterie devait se replier sur les
ailes au moment de la charge, pour laisser passer les chevaux. Mais
les fronts de cavalerie (toujours rangés en haie) avaient une si grande
longueur que l'archer ne trouvait pas toujours le temps d'opérer sa
manœuvre. Dans ce cas, il n'avait d'autre ressource que de passer
entre les chevaux, pour aller se reformer derrière eux en seconde
ligne. On devine le désordre que pouvait entraîner une semblable
manœuvre, au milieu de la chaleur du combat et avec le peu de facilités que devait lui offrir la pétulance dédaigneuse des chevaliers.
Même au XIVᵐᵉ siècle, alors que les corps d'archers soudoyés avaient
acquis plus de tactique et n'étaient plus vis-à-vis de l'aristocratie
dans la situation dépendante des milices féodales, nos plus grandes
défaites nationales n'ont pas eu d'autre cause que la fausse manœuvre dont nous parlons. A Crécy, c'est pour un fait semblable qu'échoua
la charge du premier corps français commandé par le duc d'Alençon.
Ne nous étonnons donc pas qu'il ait pu se produire en 1213, devant le
saillant de la porte de Toulouse.

la liberté de ses mouvements. Ainsi toutes les armes se paralysèrent entre elles parce qu'on en usa *contrairement à leur nature.*

Cette faute créa même des embarras au second corps aragonais, car celui-ci ne put pas charger à propos et empêcher la sortie de Montfort, parce que le seul chemin par où il eût pu le joindre se trouvait encombré par l'avant-garde. Si Pierre II n'avait eu devant lui qu'un léger rideau de tirailleurs, il aurait pu l'écarter à propos, charger les Croisés devant la porte de Sales et jeter leurs escadrons un à un dans la Garonne sans leur laisser le temps de se mettre en bataille. Il en fut empêché pour avoir *posté des mangonneaux en tirailleurs* et confié les fonctions d'avant-garde à une armée de siége. On conviendra que jamais fonctions ne furent plus *dénaturées.*

II. *E ferien cada un rich hom per si.* —Il n'est en effet que trop certain qu'à Muret *chacun ne combattit que pour soi.* Entre Pierre II et Raymond VI le désaccord fut constant, et pour le choix du plan de bataille, et pour l'usage qu'on en fit sur le terrain, et jusque dans les visées politiques des deux chefs (Voyez ch. VI : *Causes de la victoire*). L'isolement se fit sentir même entre les différents corps de chaque nation : les Catalans de l'avant-garde, au lieu de servir les Aragonais du second corps (en attaquant la porte de Sales et poussant les Croisés à sortir par celle de Toulouse), viennent attaquer la porte de Toulouse et absorber à eux seuls tout le terrain libre, comme si à eux seuls ils étaient toute l'armée. Pierre II se défend isolément sans appeler personne à son aide. Raymond VI fait sonner la retraite sans paraître se douter qu'il laisse derrière lui des Toulousains dans l'embarras. Il n'y a pas jusqu'à ces mêmes Toulousains qui ne veuillent livrer leur bataille séparée, alors que tout le monde s'est déjà fait battre.

III. *Exiren combatre ensemps en una.* — Pour tirer parti de tout cet éparpillement, l'unique tactique de Montfort est la tactique des concentrations : concentration de ses deux premiers escadrons contre l'avant-garde seule, concentration de ses trois corps réunis contre le second corps aragonais. Il en use si bien que lui qui, avant la bataille, avait 1,600 hommes contre 43,000, se trouve, au moment décisif, dans la proportion de 900 contre 500.

IV. *No saberen rengar la batayla ni anar justats.* — Nous l'avons dit aussi, les différents corps vasco-aragonais étaient trop éloignés les uns des autres, et c'est à un mauvais plan de bataille que remonte la responsabilité de cet excessif éparpillement. La cause première de cet isolement a bien pu consister dans des phénomènes moraux et des dissentiments politiques, mais c'était une raison de plus pour que le général en chef y obviât par l'art du commandement. Plus il existait dans l'armée de ferments de discorde, plus Pierre II devait lutter contre ces dissolvants, en tenant tous les corps à portée de sa main et leur faisant sentir son action personnelle.

Le roi Jacques est donc rigoureusement juste et raisonne en homme du métier, lorsqu'il fait remonter au *mal ordonament* la responsabilité de tous ces malheurs. Ajoutons qu'on doit lui savoir quelque gré de conserver autant d'indépendance dans son jugement quand le justiciable n'est autre que le roi d'Aragon.

§ VII

SUITES DE LA BATAILLE

Parmi les résultats immédiats de la bataille de Muret, un des faits les plus importants à signaler, au point de vue militaire, est l'énorme disproportion que l'on constate entre les pertes des deux armées.

Dans l'armée vasco-aragonaise, bien que les comtes de Toulouse et de Comminges aient abandonné le terrain sans avoir un seul homme tué, les pertes des autres contingents sont évaluées par les chroniqueurs des deux partis à 15 ou 20,000 personnes. La relation officielle, qui se distingue sur ce point par un langage très-mesuré, reconnaît que le nombre des victimes fut incalculable; et G. de Puy-Laurens, qui était bien placé pour le savoir, dit qu'il n'y eut pas à

Toulouse une seule maison qui ne fût en deuil [1]. Longtemps après la bataille, il fallut instituer une commission pour liquider les successions en deshérence [2].

Dans l'armée croisée, la Relation officielle affirme qu'il mourut peu de monde et qu'il n'y eut entre les morts qu'un seul chevalier. Les autres chroniqueurs, moins réservés dans leurs évaluations, fixent à 8 le nombre maximum des hommes tués. Nous croyons que la proportion des blessés dut être beaucoup plus considérable, mais, même en admettant dix blessés pour un mort, on n'arriverait qu'à 80 personnes hors de combat [3].

Ainsi, d'après la généralité des chroniqueurs, les Vasco-Aragonais auraient perdu près de 20,000 hommes sur 43,000, soit environ la moitié de leur effectif ; les Croisés environ 80 sur 900, soit moins d'un dixième.

---

[1] Relation officielle (pag. 89 D) : « Certus hostium interfectorum... numerus, præ multitudine, nullatenus sciri potest.»

Reiner de Liége (pag. 625 A) : « Quorum numerus adhuc manet incognitus.»

Guil. de P.-L. (pag. 209 C, D) : « Ita ut occisorum numerum ubique esse quindecim millia dicerint.... Vix vacabat domus quæ plangendum mortuum non haberet....»

Petr. V. S. (pag. 87 E) : « .... de hostibus fidei tam submersione quam gladio circiter viginti millibus interfectis....»

Guillaume le Breton (pag 92 D) : .... « de exercitu septemdecim millia percusserunt.»

Philippide (v. 856) : Tanta, quod adjunctis ter millia quina duobus
Millibus ad stygiam lux miserit una paludem.

Vincent de Beauvais (liv. XXX, chap. IX) : ... XVII millia fere de exercitu percusserunt.... »

Grande chronique de Saint-Denis (p. 403 C) : « Lors ils issirent du chastel.... le roi d'Aragon occistrent, et bien XVIII mille de sa gent....»

[2] Voyez aux ordonnances des capitouls de Toulouse (archives du Capitole).

[3] Relation officielle (pag. 89 D) : « ... de militibus autem christi unus solus interemptus est in conflictu, et paucissimi servientes.»

Chronique du prémontré de Laon (pag. 717 A) : « ... Ex parte vero fidelium solus miles cum paucis aliis repertus est cecidisse. »

Guil. de P.-L. (pag. 209 C) : « ... Nec fuit inventum quod vel unus ex parte ecclesiæ in illo prælio concidisset. »

Guillaume le Breton (pag. 92 D) : « .... Non perdiderunt die illo nisi octo tantum peregrinos. »

Tout en tenant compte des exagérations dans les deux sens on ne peut contester que la disproportion n'ait été énorme.

Nous croyons que la tactique adoptée par Montfort fut pour beaucoup dans l'infimité relative de ses pertes.

Observons, en premier lieu, qu'il avait su épargner son infanterie en la consignant dans Muret, tandis que les Vasco-Aragonais exposèrent deux fois la leur, en première ligne et par grandes masses. Or c'était surtout dans cette arme que sévissaient les massacres au XIIIᵉ siècle, la perfection des armures défensives épargnant le plus souvent aux cavaliers les blessures mortelles.

Quant à sa cavalerie, le chef des Croisés sut la faire manœuvrer d'une manière si soudaine que, dans la plupart des cas, ses adversaires déconcertés n'eurent pas le loisir de lui faire éprouver des pertes sérieuses. Au saillant de la porte de Toulouse, l'avant-garde ennemie, embarrassée dans son propre désordre, ne put probablement pas faire usage de ses armes, puisque les Catalans, quoique vaincus, n'eurent pas

Philippide (v. 859) : Quod tantum exciderent ex agmine Francigenarum Octo peregrini.

Chronique de Saint-Denis (pag. 403 C) : « Ils trovèrent que ils n'orent perdu de tote leur gent que VIII pelerins. »

Vincent de Beauvais (liv. XXX, ch. ix) : « Porro de omni numero suo non nisi VIII peregrinos illo die perdiderunt. »

Caffaro (liv. IV, pag. 405) : « De quibus non remanserunt in campo mortui solummodo *miles unus* et *tres servientes*. »

Reiner de Liége (pag. 625 A) : « De nostra vero parte *duo tamtum* ceciderc. »

Tous ces chroniqueurs ne parlent que de la cavalerie croisée, puisque l'infanterie ne combattit pas. Or, chez le cavalier, l'armure défensive rendait très-rares les blessures mortelles. Aujourd'hui que les armes à feu les ont beaucoup multipliées, on compte à peine un mort pour 3 ou 4 blessés. (La dernière campagne de France a coûté à la Prusse 16,877 tués sur 60,978 blessés.) L'arme blanche étant beaucoup plus lente à tuer, puisqu'elle ne peut pas atteindre à distance, nous croyons que, pour la cavalerie du moyen-âge, la proportion des morts pourrait être réduite, dans la plupart des cas, bien au-dessous de ce qu'elle est aujourd'hui ; mais dans les combats comme celui de Muret, où la cavalerie croisée fut constamment victorieuse, il n'y aurait rien d'impossible à ce que les morts n'aient été qu'un dixième des blessés : soit 80 blessés pour 8 morts.

un seul homme tué. Lors du mouvement tournant par Rudelle, les cavaliers de Foix abandonnèrent le terrain aussitôt
après l'homérique entrée en scène de Montfort. Les Toulousains de Perramon nous semblent avoir opéré sur Muret
plutôt une démonstration qu'une attaque vigoureuse, et
quand l'infanterie ne résistait pas carrément à la cavalerie,
celle-ci n'avait plus rien à redouter.

Ce n'est donc que sur le terrain l'Aragon que les Croisés
purent être sérieusement éprouvés. Encore la charge de
flanc de leur troisième corps dut-elle paralyser beaucoup
la résistance de la maynade royale en culbutant sa droite
sur son centre. Tout cavalier qui manque d'espace et qui est
réduit à reculer en combattant se trouve dans de détestables
conditions d'escrime. Perdant du terrain même pendant
l'engagement, il ne peut pas revenir achever l'adversaire
qu'il a blessé. Les huit morts qu'avouent les chroniqueurs
catholiques dans cette mêlée durent être tués par huit de
ces faits d'armes homériques qui achevaient un homme du
premier coup, et dont le roi Pierre II offrit un échantillon
dans la circonstance où il fut reconnu par les conjurés.
Si, dans ces conditions, la maynade royale tua ou blessa
plus ou moins gravement 80 de ses adversaires sur
900, ce résultat suffit pour démontrer une très-rude résistance.

Ce que nous tenons à constater ici, c'est que Montfort dut
l'infimité de ses pertes à l'art avec lequel il sut garder constamment l'offensive, de manière à n'abandonner jamais à
l'ennemi le terrain une fois conquis.

Ce n'est, en effet, que dans les alternatives d'attaque et de
défense que les troupes du XIIIᵉ siècle perdaient du monde.
La cavalerie, suivie de son infanterie en soutien, commen-
çait toujours par charger en ligne et à la lance. Grâce à la résistance des armures défensives, ce premier choc ne pouvait
guère que désarçonner les vaincus ; il les mettait rarement
à mort. C'était l'infanterie qui, avançant à la suite de sa
cavalerie victorieuse, achevait les cavaliers ennemis qu'elle
trouvait par terre. Alors avait lieu le massacre. Et en même
temps, ces fantassins vainqueurs ne manquaient pas de
recueillir leurs propres chevaliers désarçonnés, qui, n'étant

que légèrement blessés, survivaient pour la plupart. De là résultait que lorsqu'un même corps d'armée pouvait pousser constamment en avant, sans jamais abandonner le terrain une fois conquis, il arrivait à la fin du combat sans avoir presque aucun mort, tandis que ses adversaires n'avaient presque que des morts et pas de blessés.

Indépendamment de ses résultats militaires, la bataille de Muret nous semble avoir produit un résultat moral qui dut être fécond en conséquences politiques : c'est le ressentiment mutuel que la défaite produisit entre les vaincus. Entre Pierre II et Raymond VI, il y avait eu des torts réciproques ; les deux armées se renvoyèrent la responsabilité de leur malheur commun. On a déjà vu, dans nos notes, sur quel ton indigné les chroniqueurs espagnols reprochèrent au comte de Toulouse son abandon du champ de bataille. Nous en trouvons la contre-partie dans le récit du chapelain et ami personnel de Raymond VII, qui garde le silence sur les fautes du comte de Toulouse et n'attribue la défaite de Muret qu'à l'orgueil et à l'imprévoyance du roi d'Aragon [1].

Ces mécontentements ne durent pas être sans influence sur la formation de notre unité française. Avant la bataille de Muret, les comtes de Toulouse ayant perdu leur prestige militaire par l'impéritie de leur défense, les populations de langue d'oc considéraient l'Espagne comme leur appui naturel et allaient au-devant de la domination aragonaise. Les traces de cette tendance abondent dans nos chroniques, dans les poésies de nos troubadours et jusque dans nos chartes féodales.

Après la défaite de Muret, les sympathies individuelles persistèrent entre les deux nations, mais les visées politiques semblèrent découragées. La longue minorité de l'héritier de Pierre II laissa la scène libre aux rois de France,

[1] Guil. de P.-L. (pag. 203 C) : « Ecce quid superbia, quid voluptas ! Regi.... in christianorum prælio mortuerunt : quem nunc a concepta stultitia amor filii retrahebat, quem propter fœdus initum inter eos obsidem dederat hosti suo, qui cum extinguere poterat, si voluisset, in rupti fœderis ultionem. Erat autem videre pietas et audire lamenta Tolosæ plangentium mortuos suos. »

qui seuls purent mettre fin à la guerre. Tous les regards des populations se tournèrent alors vers eux. Leur alliance avec la dernière héritière de la maison de Toulouse leur donna même les apparences d'une adoption nationale. La sage administration de saint Louis fit le reste.

Quant à Montfort, il paraît avoir été aussi maître de lui dans le succès que dans la lutte. Au retour de cette prodigieuse victoire, il affecta une attitude modeste et grave, descendit de cheval, rentra pieds nus dans Muret et voulut qu'on vendît son destrier et son armure pour en distribuer le produit aux pauvres [1].

C'est en rentrant en ville qu'il apprit la mort du roi d'Aragon, mort qu'il ignorait par suite de l'éloignement où l'avait tenu le commandement du troisième corps. D'après P. des Vaux de Cernay le Roi, mis hors de combat dans la mêlée du terrain l'*Aragon*, avait été probablement achevé, puis dépouillé par les fantassins qui, sortis de Muret au premier bruit de la victoire, s'étaient répandus dans la plaine pour y faire le butin habituel. Cette nouvelle arracha des larmes à Montfort. Par son ordre, les chevaliers hospitaliers de St-Jean recueillirent le cadavre et le rendirent avec honneur à sa famille [2].

Simon ne fit d'ailleurs en cela qu'imiter l'exemple de

[1] Petr. V. S. (pag. 88 A).

Baudouin d'Avesnes (f° 363 et s.) : « Ly quens, qui bien scavait que ce avait esté ouvré de Dieu, se descaucha emmy le camp et ala nuls pies jusque a l'Esglise... et donna son cheval et ses armes as povres.»

[2] Petr. V. S. (pag. 87 E) : « Post hæc precepit comes quibusdam de suis ut ducerent eum ad locum ubi rex Aragonensis fuerat interfectus ; locum siquidem et horam interfectionis ipsius penitus ignorabat... Invenit corpus regis Aragonensis prostratum in medio campo nudum ; *pedites siquidem nostri ipsum jam nudaverant, quia, visa victoria, egressi erant de castro et quos adhuc vivos jacentes invenire potuerunt, peremerant.....* Piissimus autem comes... super corpus defuncti planctum fecit...»

Baudouin d'Avesnes (f° 363 et suiv.) : « Après ala ly quens ou le roy d'Arragon gisait mort : quand il le vit sy le plaint, pour ce qu'il avait esté ses sires. »

Chanoine de Laon (pag. 717 A) : « Simon vero comes... de morte illustris regis Aragoniæ non modicum lamentabatur. »

Guil. de P.-L. (pag. 209 C) : « Corpus autem regis petitum et concessum fratres hospitalis sancti Joannis nudum inventum in campo... levaverunt. »

l'autorité ecclésiastique : le roi d'Aragon n'était pas hérétique. Peu de temps avant la bataille de Muret, il avait rendu un édit contre les Albigeois et obtenu du Légat, contre les Musulmans d'Espagne, l'appui de ces mêmes Croisés qu'il devait bientôt combattre. Aussi, malgré la rapidité de ce revirement, la cour de Rome paraît avoir conservé jusqu'au dernier jour l'espoir d'une réconciliation. Avant la bataille, en prononçant à Saverdun l'excommunication de l'armée albigeoise, les prélats avaient pris soin de ne pas désigner nominativement Pierre II, bien qu'il pût être rigoureusement compris parmi les *fauteurs d'hérésie*[1]. Nous avons vu l'esprit de conciliation que lui montrèrent les négociateurs avant le combat et leur résolution d'aller au devant de lui en suppliants, tandis que son avant-garde attaquait déjà le saillant de la porte de Toulouse. Il semble que, même après sa mort, l'Église voulût conserver des égards pour sa mémoire. Non-seulement le Pape obligea Montfort à restituer aux Aragonais le fils de Pierre II qu'il avait reçu en otage, mais jusque dans le récit officiel de la bataille de Muret, les prélats observent, en parlant du roi, un ton de commisération respectueuse. Ce ton fut imité par la plupart des chroniqueurs ecclésiastiques[2].

---

[1] Petr. V. S. (pag. 85 C) : « In qua sententia procul dubio rex Aragonum involutus est, licet episcopi ex industria *nomen ejus suppresserint....* »

[2] Relation officielle (pag. 89 C) : « De illustri rege Aragonensi, qui cum interfectis occubuit, plurimum est dolendum, quia princeps tam potens et nobilis qui, si vellet, posset et deberet Ecclesiæ sanctæ utilis multum esse...... »

Chanoine de Laon (pag. 717 A) : « Simon... de morte lamentabatur sciens ob id maxima dispendia fidelibus fore ventura. »

Aubry de Trois-Fontaines (tom. XXIII, pag. 897) : « Regem Aragonum non sine dolore utriusque exercitus occiderunt. »

Chronique de Saint-Victor de Marseille (pag. 238 E) : « Rex Aragonensis interfectus fuit... de qua morte tota christianitas lugere debet et tristari. »

Roderic de Tolède (p. 230 C) : « Nec rex Petrus, cum esset plene catholicus, in favorem venerat blasphemorum, sed... affinitatis debito. »

Marca (pag. 233 B) : « Rex Petrus venerat ad partes illas causa præstandi auxilium tantum suis sororibus ..... non ut daret auxilium alicui infideli, seu christianæ fidei inimico, in quâ ipse fidelis multum exstiteret et sine omni scrupulo apud Deum. »

CHAPITRE V

VERSION DE LA *CANSO*

Bien que, dans le cours de ce travail, nous ayons fréquemment invoqué le témoignage de la *Canso*, qui est surtout précieux au point de vue topographique, il est cependant une partie de son récit que nous ne saurions accepter parce que sa version est contredite par tous les autres chroniqueurs. Cette partie, qui concerne le principal épisode de la bataille, nous a paru mériter une discussion spéciale. Elle devient aisée maintenant que nous connaissons les faits dans leur ensemble.

Rappelons d'abord en son entier le récit de la *Canso* [1].

---

[1] Le passage de la *Canso* est reproduit par sa version en prose avec des variantes qui, sans le contredire en rien, paraissent vouloir le compléter ou l'expliquer. Pour éviter les répétitions, nous avons réuni les deux récits en une seule traduction libre, où les détails empruntés aux deux sont classés dans l'ordre historique. Mais, pour mettre nos lecteurs à même de contrôler notre interprétation, nous donnons en note les deux textes séparés. (Nous prenons celui de la *Canso* dans l'excellente édition de M. Paul Meyer).

TEXTE DE LA CANSO

3030. Can aicels de lafora no pogron dins intrar,
Dreitament a las tendas s'en prendo a tornar :
Vel (s) vos asetiatz totz essems al dinnar.
Mas Simos de Montfort fai per Murel cridar,
Per trastotz los osdals, que fassan enselar,
3035. E fassan las cubertas sobrels cavals gitar.
Que veiran dels defora sils poiran enganar,
A la porta de Salas les ne fan totz anar,
E cant foron defora pres se a sermonar :
« Senhors baro de Fransa, nos sai nulh cosselh dar
3040. Mas qu'em vengutz trastuit per nos totz perilhar.
Anc de tota esta noit no fi mas perpessar,
Ni mei olh no dormiron ni pogron repauzar ;
E ai aisi trobat e mon estuziar
Que per aquest semdier nos covindra passar.

« La *Canso* admet, comme les autres chroniqueurs, que la bataille commença par une attaque des Vasco-Aragonais contre la porte de Toulouse. Mais elle prétend qu'ayant été repoussés, ils se trouvèrent si épuisés par cette lutte qu'ils

3045. C'anem dreit a las tendas com per batalha dar ;
E si eison deforas, quens vulban asaltar,
E si nos de las tendas nols podem alunhar,
No i a mas que fugam tot dreit ad Autvilar. »
Ditz lo coms Baudoïs : « Anem o esajar,
3050. E si eisson defora pessem del be chaplar,
Que mais val mortz ondrada que vius mendiguejar. »
Ab tant Folquets l'avesques los a pres a senhar.
Guilheumes de la Barra los pres a capdelar,
E fels en tres partidas tot essems escalar
3055. E totas las senheiras el primer cap anar,
E van dreit a las tendas.

CXI.

Tuit s'en vau a las tendas per mejas las palutz,
Senheiras desplegadas els penos destendutz.
Dels escutz e dels elmes on es li ors balutz,
3060. E d'ausbercs e d'espazas tota la plasan lutz.
El bos reis d'Arago, cant les ag perceubutz,
Ab petits companhos es vas lor atendutz ;
E l'ome de Tolosa i son tuit corregutz,
Que anc ni coms ni reis non fon de ren creütz ;
3065. E anc non saubon mot trols Frances son vengutz,
E van trastuit en la on fol reis conogutz.
El escrida : « Eu sol Reis ! » Mas no i es entendutz.
E fo si malament, e nafratz e ferutz,
Que per meja la terra s'es lo sancs espandutz,
3070. E loras cazec mortz aqui totz estendutz.
E l'autri cant o viro tenos per deceubutz ;
Qui fug sa qui fug la : us no s'es defendutz ;
E li Frances lor corro et an totz lor destruitz,
E an les malament de guiza combatutz,
3075. Car cel que vius n'escapa se te per ereubutz.

TEXTE DE LA VERSION EN PROSE DE LA CANSO
(D. Bouquet, pag. 153 C, D, E, 154).

« Et de faict lodit assault son anats donar aldit Muret, la ont lodit Conte de Montfort et sasditas gens se son ben et valentamen deffenduts, sans estre en res esbayts, et talamen an faict que los an faict recular deldit assault et retirar en lor sety. Et quand son estats retirats, ainsin que dit es, son estats tan lasses que plus no podian, et se son metuts a manjar et beure san far degun gait, et sans se doubtar de re. Et adone lodit Conte de Montfort a vist lo bruit deldit sety incontinen a faict armar totas sas gens sans far degun bruit ; et quand son estats armats et acostrats, an ordenats los capitanis, et son anats salhir al portal de Salas, ben ordenats et serrats, et aisso al plus

renoncèrent à pousser plus avant l'assaut de Muret. Ils se retirèrent alors dans leur camp pour y prendre un repas. Dans cette retraite, ils négligèrent de poser des sentinelles pour surveiller les mouvements de Montfort.

» Celui-ci mit alors à profit ce défaut de surveillance pour sortir secrètement de Muret avec toute son armée par la porte de Sales. Là il proposa à ses chevaliers le plan de bataille suivant : on irait droit au camp des ennemis en

couvert que an pogut, afin que les deldit sety no s'en prenguessen garda. Et avia faictas tres bandas de sas gens, dont era capitani de la premera G. d'En Contra, et de la seconda Boucard, et de la tersa era capitani et governado lodit Conte de Montfort. Et ainsin ordenats et arrengats, sur lodit sety sont venguts frappar et aysso en cridan : *Montfort ! Montfort !* et talamen an faict que lodit Conte Ramon et lo rey d'Araguo son estats grandamen esbayts, quand ainsin an vistes los ennemics venir sur els ; car tot quant que rencontravan devant els metian a mort per terra, que mels semblavan tigres ho orses afamats, que gens rasonabla. Et adonc que lodit rey d'Araguo a vist besonhar en tala forma sos ennemics, es se prestamen armat et montat a caval an totas sas gens, cridan : *Araguo!* les autres *Tolosa, Foix, Cumenge,* et sans tenir ordre ny regla, qui may es pogut anar es anat à l'estorn et bruit. Et adonc, quand lodit Conte de Montfort a vist ainsin sos ennemics sans aucun ordre, adonc a comensat de frapar dessus, per tala sorta et manera, que tuan blesson et los ne menan, que era gran pietat de veser lo grand monde que tombava per terra, los ungs morts, los autres blessats. Et de faict lodit rey d'Araguo an rencontrat, e dessus an frapat : loqual rey quand a vista la grand tuaria et desconfitura que l'on fasia de sas gens, el s'es metut à cridar tant qu'a pogut : *Araguo! Araguo!* Mais nonobstant tot son cridar, els meteys y demouret, et fouc tuat sur lo camp amay totas sas gens, ne escapet alcun, que fouc grand domatge de la mort deldit rey.

» Et adonc quand lodit Conte Ramon, los de Foix et Cumenge an vista touta ladita desconfitura, et an saubut que lodit rey era mort, adonc se son metuts en fuita, que may a pogut tiran devers Tolosa ; et lor sety an desemparat, sans ne portar alcuna cosa, ont fouc faicta una granda perda por los deldit Tolosa ; la ont moriguen grant monde deldit Tolosa, car se salvava que podia. »

A ces deux textes on peut encore ajouter le passage suivant, qui se trouve dans certains manuscrits de la grande chronique de Saint-Denis et qui semble n'être qu'un reflet défiguré des versions précédentes (*Historiens de France*, pag. 403 C, note c) : « *Ils* (ly cuens et sa gent) *firent espier en quel point li anemi estaient ; si leur fut rapporté qu'ils volaient disner et que les plus riches homes volaient assour au mangier, et en y avait gran partie de tous désarmez. Lors ils issirent du chastel.... et se combattirent vertueusement.....* »

passant par la route la plus directe (un sentier qui filait au travers des marais) ; on apparaîtrait ainsi inopinément devant l'enceinte de leurs tentes. Ceux-ci, en voyant apparaître les Croisés, ne résisteraient probablement pas à la tentation de sortir en foule pour venir les combattre, et l'on saisirait cette occasion pour les massacrer jusqu'au dernier. Si au contraire l'ennemi ne donnait pas dans le piége, l'armée croisée, à bout de ressources, n'aurait plus qu'à battre en retraite.

» Sur cet avis, qui fut adopté, l'armée croisée ayant massé ses trois corps en une seule colonne, sous la direction de Guillaume des Barres, s'achemina au travers des marais. En la voyant approcher, le roi d'Aragon alla au devant d'elle avec une poignée de braves et fut suivi par tous les contingents de Toulouse, de Foix et de Comminges. Mais cette sortie se fit sans ordre, chacun n'ayant d'autre guide que son cri de ralliement. Montfort mit à profit ce désordre pour charger avec vigueur. Sur ces entrefaites, Pierre II fit l'imprudence de s'écrier qu'il était le roi d'Aragon. Attirés par cet aveu, les Croisés accumulèrent leurs efforts sur sa personne et le mirent à mort. Alors les comtes de Toulouse, de Foix et de Comminges, perdirent courage et prirent la fuite, entraînant après eux l'armée tout entière.»

D'après ce récit, la défaite des Vasco-Aragonais, à Muret, aurait été le fruit, non d'une lutte à armes égales, mais d'une surprise qui n'aurait pas laissé aux vaincus le temps de se reconnaître.

Nous critiquerons ce récit à deux points de vue :

I

Au point de vue militaire, il ne soutient pas l'examen.

En expliquant comment 900 cavaliers ont pu mettre en déroute 43,000 hommes, les chroniqueurs dont nous avons adopté la version reconnaissent que Montfort ne les eut pas tous à la fois sur les bras, qu'il les détruisit successivement et par corps isolés. Ils admettent même qu'une notable partie de cette armée abandonna le terrain sans avoir engagé la lutte.

Même avec ces restrictions, la victoire de Muret demeure pour nous un succès prodigieux.

Mais la *Canso* nous met à une plus forte épreuve : elle prétend que Montfort affronta tous ses ennemis à la fois, que tous, avant de prendre la fuite, firent d'abord contre les Croisés un sérieux essai de leurs forces, et que c'est dans une seule mêlée que ces 900 hommes purent mettre en déroute 43,000 combattants.

Dans ces conditions, la bataille de Muret n'est plus un prodige, c'est une féerie.

Tout au plus pourrait-on admettre ce résultat si la *Canso* faisait de la bataille de Muret une espèce de *journée des éperons.* Si les Croisés avaient pénétré inopinément dans l'intérieur même du camp vasco-aragonais, on pourrait comprendre que, dès l'apparition des premiers assaillants, ces hommes attablés et désarmés eussent éprouvé une de ces paniques contagieuses qui précipitent parfois dans la fuite une armée tout entière sans qu'elle songe, ni à se défendre, ni à s'assurer du nombre de ses ennemis.

Mais telle n'est pas la version de la *Canso*. D'après elle, Montfort ne pénétra pas dans le camp. Il se contenta d'aller en vue du camp, provoquer une sortie de ses adversaires. Pierre II fut si peu surpris qu'il eut le temps de s'armer et de venir au devant des Croisés. Il n'y eut donc pas de panique. La résistance des Vasco-Aragonais fut même terrible, car la version en prose compare cette mêlée à un combat *d'ours ou de lions affamés.* La *Canso* précise qu'Espagnols et Gascons suivirent leurs chefs à l'envi et firent bravement leur devoir jusqu'au moment de la mort du roi. Le découragement qui suivit cette mort ne se serait donc produit qu'au moment où, échauffés par la lutte, ces 43,000 hommes auraient déjà probablement débordé par leur nombre, peut-être entouré, leurs 900 adversaires. Nous craignons qu'un semblable récit ne réussisse qu'à faire sourire les hommes du métier.

Son moindre défaut est de ne pas tenir compte de la valeur des contingents espagnols. Nous croyons que si les cinq cents braves qui se firent tuer autour de Pierre II avaient été suivis seulement un instant par l'armée tout entière, que si cette masse d'hommes avait, un seul instant, engagé la lutte avec l'entier effectif de Montfort de manière à n'avoir plus de diversions à redouter, à partir de ce moment il n'y aurait plus eu pour les Vasco-Aragonais de panique possible, pour les Croisés de salut possible.

Ce qui manque à la version de la *Canso*, c'est ce que nous voudrions appeler la *réalité militaire*. On le sent encore mieux en observant de près chacun de ses détails :

Ainsi nous ne comprenons pas pourquoi Montfort, allant attaquer ses adversaires chez eux, aurait pris son chemin au travers des marais ; car cette route n'aurait eu aucun avantage et eût offert les plus grands périls.

Puisqu'il ne visait qu'à provoquer une sortie de ses ennemis, Simon n'avait aucun intérêt à masquer ses mouvements. Mais, s'il l'eût désiré, il n'aurait trouvé dans le sentier de Rudelle un chemin ni plus caché ni plus court que la route battue. Des terrains inondés sont des surfaces plates, basses, dépourvues de haute végétation, qui n'offrent aucun abri où se dissimuler. Sur ces masses liquides, la *Canso* prétend que les armes des Croisés étincelaient au soleil. Ce n'était pas le moyen de se cacher. Le défilé au travers du marais aurait d'ailleurs plus retardé la marche des troupes que le trajet le moins direct, car rien n'est interminable comme de faire filer des hommes un à un le long d'un sentier. En admettant seulement deux secondes par cavalier pour l'entrée dans le sentier, et autant pour la sortie, multiplié par 900 hommes, ce délai représente une heure. Comment aurait-on pu défiler pendant une heure au pied des tentes ennemies sans être aperçu ? Remarquons au contraire que pour aller de Muret au camp par l'autre côté de la Louge, un temps de galop de dix minutes aurait suffi. On en peut faire encore aujourd'hui l'expérience.

Mais si le passage par le sentier de Rudelle n'eût offert à Montfort aucune utilité, il l'aurait en revanche exposé au plus grand de tous les périls. Le bas-fond que traverse ce sentier est en effet si voisin de la colline de Perramon que les Croisés auraient dû opérer leur défilé sous les yeux et

en quelque sorte sous la main des Vasco-Aragonais. Or la
Canso nous apprend que Pierre II vit venir ses ennemis
et alla même au devant d'eux. On a le droit de s'étonner
qu'il ne les ait pas saisis à la sortie même du marais. Et
dans ce cas, ce ne serait pas Montfort qui aurait surpris ses
adversaires, ce seraient eux qui auraient surpris Montfort
et auraient massacré ses hommes, un à un, à l'issue du
défilé [1].

La vérité est que la *Canso* attribue à Simon un plan de
bataille puéril :

Ce plan aurait consisté, non à surprendre les Vasco-Aragonais dans leur camp, mais à les en faire sortir pour les
accabler à la faveur de leur désordre. Pour que ce plan

---

[1] Le récit de la *Canso* contient bien d'autres invraisemblances, dont
on nous permettra de citer encore deux exemples :

1° Conçoit-on, par exemple, que les Vasco-Aragonais aient inter-
rompu leur attaque de la porte de Toulouse pour aller diner dans
leur camp, à plusieurs kilomètres de distance? La veille de la bataille,
on s'explique qu'ils aient évacué le faubourg qu'ils venaient d'enlever,
parce qu'ils avaient intérêt à laisser Montfort s'y enfermer. Mais
maintenant qu'ils l'y tiennent, qu'ils brûlent de l'y réduire, que leur
avant-garde vient même de reprendre la porte de Toulouse, pourquoi
l'abandonneraient-ils une seconde fois, au lieu de poursuivre leur
avantage ? Ce n'est pas la fatigue qui les y contraint, puisqu'il n'y a
a eu encore que l'avant-garde d'engagée. Et si c'est la faim, pourquoi
ne pas prendre quelques aliments sur place ? On sent trop que le
narrateur veut transporter au camp la fin de la bataille, pour expliquer la défaite par une surprise.

2° La version en prose de la *Canso* affirme, en outre, que les alliés
furent surpris parce que, en se repliant dans leur camp, ils avaient
négligé de poser derrière eux des sentinelles (*sans far degun gait*).
Outre qu'il serait étrange que Pierre II (dont l'unique crainte était
de voir Montfort s'échapper) l'eût perdu de vue sans faire surveiller
ses mouvements, il faudrait encore admettre que les assaillants eussent abandonné devant Muret leurs machines de guerre sans aucune
protection. Nous avons vu en effet, par le récit de la *Canso* elle-
même, que la porte de Toulouse avait été attaquée avec des mangonneaux. Or, ces énormes engins, munis d'immenses mantelets,
étaient trop lourds pour pouvoir être voiturés à plusieurs kilomètres
à l'occasion de chaque repas. Si les Vasco-Aragonais avaient négligé
de les faire garder, Montfort les aurait détruits. S'ils y avaient, au
contraire, laissé garnison, celle-ci les aurait prévenus de l'attaque
de Montfort.

réussit, il aurait donc fallu que l'ennemi consentît, non-seulement à sortir, mais à sortir *en désordre*. Or il ne dépendait pas de Simon de l'obliger à remplir cette seconde partie de son programme. On ne devait même pas s'y attendre, car des troupes bien retranchées ont tout le temps de se former avant de sortir de leur retranchement, et la *Canso* reconnait même que le cas avait été prévu dans le conseil de guerre qui précéda la bataille[1].

Les Croisés auraient eu donc fort peu de chances de voir leurs adversaires tomber dans leur piége, et si ces derniers étaient au contraire sortis en bon ordre, Montfort aurait eu à risquer la bataille dans les plus détestables conditions, dans les conditions du plan de Raymond VI. Obligé de combattre avec un grand fleuve à dos, contre un ennemi supérieur en nombre, et qui, sur ce vaste terrain, l'aurait enveloppé de toutes parts, il n'aurait eu ni point d'appui ni ligne de retraite. Sa défaite eût été un désastre. On ne risque pas d'aussi graves résultats sur d'aussi naïves espérances.

Quant à nous, de ce fait seul de la puérilité du plan de bataille de la *Canso* nous induisons hardiment qu'il n'a jamais existé dans l'esprit de Montfort. Quelque opinion qu'on puisse avoir de cet homme de guerre, nul n'a jamais songé à en faire un Don Quichote. S'il avait été capable du plan de bataille qu'on lui prête, il eût été, militairement parlant, bien au-dessous du roi d'Aragon.

II

La version de la *Canso* n'est pas seulement contraire à toutes les vraisemblances : elle est encore en opposition avec toutes les chroniques. Bien que provenant des sources les plus diverses et les moins suspectes, ces dernières sont si unanimes à démentir la *Canso* que toute conciliation est impossible. Entre les deux versions, il faut opter :

1. En premier lieu, la Relation officielle et le récit de P. des Vaux de Cernay ne permettent pas de supposer que la bataille se soit passée en deux actes séparés (l'un devant Muret, l'autre au camp). Ces auteurs n'admettent pas que,

[1] Voyez ci-dessus (chap. III, pag. 30 et 31, note 1).

dans l'intervalle entre l'attaque de la porte de Toulouse et
le reste de la lutte, les Vasco-Aragonais aient été prendre un repas dans leurs tentes. Car, d'après eux, Simon
les attaqua précisément pour repousser leur attaque. Il sortit par la porte de Sales pour dégager la porte de Toulouse,
par laquelle les assaillants venaient menacer le prieuré de
St-Germier. Donc, entre l'attaque des ennemis et celle de
Montfort, il n'y eut pas de solution de continuité[1].

G. de Puy-Laurens confirme cette opinion en précisant
que le choix que fit Montfort de la porte de Sales pour sa
sortie lui permit de mettre sa cavalerie en ordre sans être
inquiété par les traits ennemis, et que c'est pour cela qu'il
ne voulut pas sortir par la porte de Toulouse[2]. Ceci se comprend si les assaillants menaçaient en ce moment la porte
de Toulouse, parce que, entre ces deux issues, il y avait
plus que la portée d'un trait d'arbalète. Mais cette explication n'aurait aucun sens si les Vasco-Aragonais s'étaient
trouvés, à cette heure, repliés dans leur camp, à une
distance de plusieurs kilomètres, car dans ce cas les deux
portes auraient été également à l'abri de leurs coups.

Les trois chroniqueurs que nous citons ne permettent
d'ailleurs pas d'admettre que les vaincus aient été surpris
chez eux et en désordre, car ils déclarent que les Croisés
les trouvèrent rangés en rase campagne et prêts à combattre : « *suis jam muniti armis* », dit la Relation officielle ; et
P. des Vaux de Cernay ajoute qu'ils étaient : « *egressi de
castro in campi planitie juxta castrum.... paratos ad pugnam.* » Cet auteur indique même leur ordre de formation en
trois corps, dont le roi commandait le second[3].

Le champ de bataille où ils stationnaient était si bien
distinct du camp, que le jeune comte de Toulouse, Raymond VII, disait plus tard à G. de Puy-Laurens que, pour
suivre le combat des yeux, il avait dû sortir des tentes et
s'avancer sur une éminence : « *Eductus de castris ad
locum eminentem... unde commissionem videre poterat.* »
De cet observatoire, l'éloignement du champ de bataille
était encore si grand, que Raymond VII citait comme

[1] Voyez ci-dessus (chap. III, pag. 36, note 3).
[2] Voyez ci-dessus (chap. IV, pag. 38, note 1, et pag. 45, note 4).
[3] Petr. V. S. (pag. 87 A). — Relation officielle (pag. 89 B).

une preuve de la violence des coups ce fait, que de sa
place il pouvait en entendre le bruit : « *Sonus ictuum, ad
locum ubi erat... aëre ferebatur* [1]. »

En présence de semblables précisions, il est impossible
d'admettre, avec la *Canso*, que le combat qui commença à
la porte de Toulouse ait eu sa principale action sur les hauteurs du camp, à l'issue même de l'enceinte des tentes.

II. En second lieu, la version de la *Canso* fait de la bataille
de Muret une seule mêlée, une attaque en bloc de la masse
des Vasco-Aragonais par la masse des Croisés, sans que
ceux-ci aient eu à manœuvrer par escadrons séparés.

Les autres chroniqueurs, au contraire, incidentent ce fait
d'armes d'un certain nombre de manœuvres et de péripé-
ties qui supposent que la bataille s'est développée en une
série de combats successifs : tels sont la fuite simulée et le
retour offensif, par lesquels G. de Puy-Laurens explique le
premier succès de Montfort contre l'avant-garde ; le mouvement tournant sur la gauche, par lequel P. des Vaux de
Cernay explique son second succès contre le corps de
Pierre II ; le retour offensif des Toulousains à la fin de la
bataille, sur lequel ce dernier auteur est confirmé par la
Relation officielle, par Guillaume le Breton et par Baudouin
d'Avesnes [2].

Pour admettre la version de la *Canso*, il faudrait traiter
tous ces renseignements de pures fables. Si les Toulousains
avaient été, ainsi que le dit la *Canso*, surpris et détruits
d'emblée à l'entrée de leur camp, comment auraient-ils pu,
à la fin de la journée, se croire vainqueurs et venir attaquer
Muret ? Si l'attaque des Croisés a consisté dans une seule
mêlée commandée par Montfort, et dans laquelle le roi
d'Aragon ait succombé, comment admettre que Simon ait
pu ignorer encore cette mort à la fin de la bataille, ainsi
que le disent P. des Vaux de Cernay, la Relation officielle
et Baudouin d'Avesnes [3] ?

III. La physionomie générale que la version de la *Canso*

[1] Guil. de P.-L. (pag. 209 A, B).
[2] Voyez ci-dessus (chap. IV, § 2, 4 et 5).
[3] Voyez ci-dessus (chap. IV, pag. 78. note 2).

prête à la bataille de Muret est encore en opposition absolue avec celle qu'offre le récit des chroniqueurs espagnols.

D'après la *Canso*, la défaite des Vasco-Aragonais eut deux causes : 1° *la surprise* que produisit l'apparition inopinée de Montfort, et qui fit sortir l'armée en désordre ; 2° *la mort du roi*, qui découragea la résistance.

1° *De la surprise*, les chroniqueurs espagnols ne disent pas un mot : ni Roderic de Tolède, ni Marca, ni Jacques d'Aragon lui-même. On ne peut cependant contester l'intérêt qu'aurait eu ce dernier à la signaler, ne fût-ce que pour excuser les fautes de son père et relever l'honneur de ses armes. Don Jacques énumère en détail toutes les causes militaires ou morales de la défaite : la défection d'une partie des troupes du roi, la légèreté de ses mœurs, son refus d'accepter la capitulation des Croisés et les défauts de son plan de bataille. Tant et de si pénibles aveux seraient bien atténués s'il pouvait ajouter que son père fut victime d'une surprise qui ne lui laissa pas le temps de se mettre en défense. Il n'en dit rien.

Qu'on ne nous objecte pas que le *mal ordonament* que don Jacques attribue à l'armée de son père est précisément ce désordre fruit de la surprise [1].

Si cela était, la cause du désordre aurait été un fait non imputable aux Aragonais, et c'est au contraire aux *richs homs* de sa nation que don Jacques reproche de *n'avoir pas su se ranger* (*no saberen renga la batayla*). S'il y avait eu surprise, don Jacques aurait dit qu'ils n'avaient *pas pu* se ranger, et il leur en aurait fait une excuse au lieu d'un reproche. Or l'intention critique est évidente dans sa bouche, car ce détail du *mal ordonament* fait partie d'un ensemble d'autres faits évidemment blâmés, tels que l'égoïsme des chefs (*cada un per si*) et l'impéritie dans l'emploi des armes (*contra natura darmes*).

Si don Jacques avait adopté la version de la *Canso*, le seul fait important à signaler aurait été la surprise elle-même et non le désordre, lequel n'eût été, dans ce cas, que sa conséquence implicite et inévitable. Le chroniqueur se serait

[1] Voyez ci-dessus (chap. IV, pag. 70, et note 1).

bien gardé de laisser subsister, sur la cause réelle du *mal or-donament,* une équivoque qui eût été pour ses compatriotes une véritable accusation calomnieuse. D'ailleurs, pour un homme du métier, la confusion entre ces deux causes n'est pas possible : il n'y a rien de commun entre des fautes de tactique proprement dites et le désordre inséparable de toute surprise, entre un commandement mal habile et une absence complète de commandement.

2° *La mort du roi Pierre II* est aussi présentée par les deux versions sous un jour absolument opposé.

Selon la *Canso,* elle fut la cause de la débandade des deux nations. Jusqu'au moment de cette mort, Aragonais et Gascons rivalisèrent de bravoure, malgré le désordre de la sortie. Une fois le roi mort, nul ne se défendit plus (*us no s'es defendutz*).

Selon Jacques d'Aragon, Marca et Roderic de Tolède, la mort du roi, au lieu d'être la cause de la débandade, en fut la conséquence. C'est en se voyant délaissé que Pierre II se réfugia dans la mort comme dans le dernier asile des souverains de sa race trahis par la victoire [1].

Et l'on remarquera que ces trois chroniqueurs n'accusent pas seulement la défection des troupes gasconnes. Don Jacques va jusqu'à désigner nominativement les Catalans et les Aragonais qui les imitèrent. En sorte que, pour écarter sa version, il faudrait admettre qu'il a voulu calomnier ses propres compatriotes.

Voici donc, en résumé, la seconde objection que nous opposons à la version de la *Canso :*

---

[1] Chronique de Jacques d'Aragon (al. 9, pag. 18) : « E aqui mori nostre pare ; car aixi ho a usat nostre liynatge totz temps, que en les batayles quels an feytes ne nos farem, de vencre o morir. »

Marca (pag. 233 B) : « Dominus rex Petrus cum suis tantum mortuus est ibi, *quam mortem prius elegit antequam verteret terga fugæ.* Comites Tolosæ et Fuxi fugerunt cum suis et *dimiserunt regem* et militiæ florem in campo cum multo vituperio et dedecore illorum *qui eum sic dimiserant in campo...* De Catalonia si quidem mortuus nullus fuit. »

Roderic de Tolède (p. 230 C) : « Rex cum Aragonensibus in prælio ceciderant, *quia ipsi soli viriliter perstiterunt,* Fuxensi et Tolosano comitibus terga præbentibus cum aliquibus Catalanis. »

Elle n'est pas seulement contraire à toutes les vraisemblances ; elle est en outre en contradiction avec la presque
unanimité des chroniqueurs contemporains. Si l'on veut
l'adopter, il faut récuser le témoignage de tous ceux qui assistaient au combat : il y avait là P. des Vaux de Cernay, qui,
indépendamment de ses observations personnelles, dut
entendre mille fois le commentaire de tous ces faits dans
les conversations intimes des vainqueurs. Il y avait là Raymond VII, plus tard comte de Toulouse, qui raconta les
mêmes faits à G. de Puy-Laurens, son chapelain. Là étaient
les chevaliers aragonais et catalans, de qui Jacques d'Aragon affirme tenir son propre récit. Là se trouvaient les sept
évêques et les trois abbés qui signèrent la Relation officielle.
Œuvre de grands dignitaires de l'Église s'exprimant dans
une circonstance solennelle, cette pièce paraît avoir été
connue immédiatement dans toute la chrétienté. Elle dut
donc passer maintes fois sous les yeux des seigneurs qui
avaient pris part à l'action, soit comme vainqueurs, soit
comme vaincus, soit en France, soit en Espagne. Nous ne
savons pas qu'aucun d'entre eux l'ait démentie.

Nous voici donc en présence de plus de *douze témoins de
visu*, quelques-uns militaires de profession, qui tous contredisent en quelque point essentiel la version de la *Canso*.
Ils nous paraissent plus dignes de foi qu'un poète, qui ne
prétend pas avoir assisté à la bataille, et qui semble d'ailleurs peu versé dans les questions militaires [1].

III

La version de la *Canso* nous paraît donc contraire, et à
toutes les vraisemblances et à tous les textes historiques.
Et cependant elle existe.

[1] Le poème de la *Canso* passe en revue des séries interminables
de combats. Si donc l'auteur avait eu de sérieuses notions de la
guerre, il aurait eu fréquemment l'occasion d'émettre, sur ces faits
d'armes, quelque appréciation technique, comme on en rencontre dans
les récits de P. des Vaux de Cernay et surtout de G. de Puy-Laurens. On n'en trouve pas dans le poème de la *Canso*. Tous ces récits
de batailles ne sont que des descriptions de boucheries humaines,
d'écœurants plats de cervelle d'une monotonie désespérante. Et
cependant on ne saurait critiquer l'exactitude de l'auteur, car il décrit

Il ne suffit donc pas de la combattre. Nous voudrions encore l'expliquer ; car, en histoire, tout, même l'erreur, peut avoir son explication rationnelle.

Pour notre part, nous inclinerions à voir dans ce récit l'œuvre de l'amour-propre national désireux de trouver des excuses à une défaite humiliante. Nous ne croyons pourtant pas que cette version ait été artisée de toutes pièces et par une seule personne. Elle a plutôt les apparences d'une œuvre non préméditée, sortie peu à peu de la rumeur publique par un travestissement successif de la vérité.

Expliquons-nous :

Tout peuple vaincu éprouve le besoin de se dire trahi, surpris. C'est encore aujourd'hui par ce mot que nos paysans cherchent à s'expliquer nos défaites de 1870. En 1213, comme aujourd'hui, les fuyards de Muret, pressés de questions et forcés d'avouer leur désastre, durent éprouver le besoin de répondre : *On nous a pris en trahison... l'ennemi ne nous a pas laissé le temps de nous mettre en défense...*

Or il est à remarquer que, en un certain sens, la bataille de Muret a été pour les vaincus une véritable surprise.

En effet, avant le combat, la situation des Croisés semblait si désespérée, que leurs adversaires ne s'attendaient nullement à les voir prendre l'offensive ; aussi n'avaient-ils pris eux-mêmes aucune précaution défensive. Ils durent donc être déconcertés par la brusque attaque de Montfort, et l'on ne saurait contester que les conséquences de cette déception pesèrent sur toute la bataille.

Ainsi c'est bien à cette cause que les Vasco-Aragonais durent la perte de leur avant-garde. Lorsque Simon sortit par la porte de Sales et feignit de battre en retraite, l'avant-garde ennemie, qui s'élança à sa poursuite, fut si brusquement surprise par son retour offensif qu'elle n'eut pas le temps de se mettre en défense.

De même, le mouvement tournant de Montfort au travers

les localités, les moindres détails du costume des combattants, et jusqu'aux mouvements des machines de guerre, avec une réalité saisissante. Mais de toutes ces précisions de fait il ne tire aucune conséquence technique. C'est un poète : ce n'est ni un critique ni un homme de guerre.

des marais dut surprendre le roi d'Aragon, car, s'il avait supposé qu'on pût l'attaquer sur sa droite et que le marais fût accessible à la cavalerie, il n'aurait pas manqué de le faire couvrir par les 20,000 Toulousains de Perramon, qui n'avaient pour cela que quelques pas à faire.

Enfin la folle attaque de Muret par ces mêmes Toulousains, à la fin de la bataille, prouve assez que les Vasco-Aragonais conservèrent leurs illusions jusqu'au dernier moment. Et là encore, le brusque retour du vainqueur produisit une surprise, peut-être même une panique, qui dut rendre infructueuse toute manœuvre défensive.

Les fugitifs de Muret ne mentaient donc pas tout à fait s'ils prétendaient avoir été surpris. Assurément il y avait loin de cette déception sur le champ de bataille au fait d'être pris à l'improviste dans son propre camp, sans avoir le temps de sauter sur ses armes ; mais on admettra que l'imagination publique, stimulée par l'amour-propre national, dut facilement pousser jusqu'à cette dernière exagération.

Il y eut même un fait précis qui dut porter à croire, en outre, que la surprise avait eu lieu *dans le camp* : c'est que le mouvement tournant de Montfort par Rudelle, avant de se rabattre à droite sur le tènement l'Aragon, avait pris exactement la direction de l'éminence où s'élevaient les tentes.

Stratégiquement, ce détour était nécessaire pour pouvoir prendre en flanc le corps du roi d'Aragon, car Simon avait dû pour cela déborder la droite des ennemis et décliner sur sa propre gauche dans la direction des tentes toulousaines.

Mais pour les Vasco-Aragonais, qui ne soupçonnaient pas le plan d'attaque des Croisés, il dut y avoir là une cause d'erreur irrésistible, qui persista probablement dans l'opinion publique. Si la rumeur générale affirma que les alliés avaient été surpris et qu'en même temps on put montrer, au travers des marais de Rudelle, le tracé suivi par Montfort dans la direction du camp, on dut fatalement en conclure que c'était pour surprendre le camp que Simon avait traversé les marais.

Voici donc comment a pu naître la première erreur d'où est sortie la version de la *Canso* : des nombreuses surpri-

ses qui causèrent la défaite de Muret et du tracé suivi par
le mouvement tournant de Montfort, l'opinion publique dut
conclure *que Montfort avait été surprendre ses adversaires
dans leur camp.*

Une fois cette idée fausse adoptée par l'opinion, tous les
détails de la bataille durent être successivement travestis,
de manière à pouvoir s'adapter à ce cadre général. Aussi
est-il à remarquer que tous ces détails donnés par la *Canso*
ne sont faux que dans leur relation avec l'erreur principale.
En sorte que, pour les rendre absolument vrais et rationnels,
il suffit souvent de les expliquer par notre propre version.

Ainsi, il est bien vrai, comme le dit la *Canso*, que l'avant-
garde vasco-aragonaise abandonna spontanément son
attaque de la porte de Toulouse, mais ce fut pour tenir tête à
la sortie de la porte de Sales, et non pour aller dîner.

De même, la sortie de Montfort par la porte de Sales et son
passage au travers des marais ne sont invraisemblables dans
le récit de la *Canso*, que parce que celle-ci en fait une seule et
même manœuvre ayant pour but de surprendre les ennemis
à l'issue de leur camp. Ces deux mouvements deviennent
au contraire fort stratégiques si l'on y voit deux manœuvres distinctes, l'une pour dégager la porte de Toulouse,
l'autre pour placer Pierre II entre deux attaques.

La *Canso* prétend qu'en voyant Montfort traverser le
marais de Rudelle, Pierre II alla au devant de lui, et que
ce fut là, entre les marais et le camp, qu'il fut tué, puis
abandonné. Il n'est pas admissible que le roi d'Aragon soit
mort en ce lieu ; mais ce qui est vrai, c'est qu'un détachement de l'avant-garde vint attendre Montfort à la
sortie du marais et se débanda aussitôt que le général
croisé eut assommé son chef. La *Canso* a donc pu confondre ce chef de corps avec le roi d'Aragon, un simple
détachement avec l'armée tout entière. Cette confusion est
d'autant plus naturelle que la mort du roi, sur le terrain
l'Aragon, produisit au sein du deuxième corps, qu'il commandait, une débandade semblable à celle de Rudelle.

La *Canso* veut encore qu'aussitôt après la mort du roi,
l'armée vasco-aragonaise tout entière, y compris la may-

nade, cessa brusquement de se défendre (*us no s'es defen-dutz*). Là est l'exagération. Mais il est bien vrai que cette mort jeta le désordre dans la résistance du second corps que le roi commandait. La seule erreur de la *Canso* consiste donc à étendre à l'armée entière ce qui n'est vrai que d'un corps isolé.

Jusque dans les moindres détails du récit de la *Canso* on retrouve des lambeaux de vérité qui peuvent servir de fil conducteur, si on les rattache à la trame d'où ils ont été détachés.

Ainsi nous avons vu, dans Baudouin d'Avesnes, par quelle imprudence le roi se laissa reconnaître par les Croisés conjurés contre sa personne. La *Canso*, ignorant peut-être les détails de cette conjuration, n'en a recueilli, dans la rumeur publique, que le fait extérieur, l'exclamation qui attira sur Pierre II une lutte inégale. Elle la reproduit sans en comprendre le sens, ce qui lui donne les apparences d'une espèce de cri de détresse, d'où la version en prose tire cette conclusion que le roi fut abandonné en dépit de tous ses efforts pour appeler au secours : *Nonobstan tot son cridar, el meteys y demouret.* Sous ce prétendu appel désespéré du roi, il n'y a probablement qu'un écho de la version adoptée plus tard par Baudouin d'Avesnes.

Nous avons également raconté que Montfort avait d'abord divisé son armée en trois escadrons, mais qu'il les réunit ensuite, les deux premiers lors de la charge de la porte de Toulouse, et le troisième après le mouvement tournant de Rudelle. Dans la version de la *Canso*, au contraire, l'armée croisée n'eut aucun besoin de se diviser, puisque toute la manœuvre se réduisit à franchir les marais et à assaillir ses ennemis en une seule colonne d'attaque. Et cependant, en racontant cette concentration, la *Canso* s'exprime ainsi : « *E fels* EN TRES PARTIDAS TOTZ ESSEMS *escalar.* » Outre qu'on a peine à comprendre *trois parties en une seule,* rien dans la version de la *Canso* ne justifie cette division suivie de réunion. Elle pourrait bien n'être qu'une réminiscence du récit des autres chroniqueurs.

On voit par ces exemples qu'il reste encore beaucoup de faits vrais (bien que dénaturés) dans le récit de la *Canso*.

C'est même leur grand nombre, mêlé à tant de contradictions, qui nous porte à croire que cette version n'est pas l'œuvre réfléchie d'une seule personne, mais l'écho de toutes. Un faussaire aurait mis plus d'habileté et de logique dans son plan, moins de bonhomie à accepter des détails qui contredisent l'ensemble de son récit. Le poète n'a fait que mettre en ordre, de la façon qui lui a paru la plus logique, les faits déjà altérés que lui apportait l'opinion générale.

L'auteur de la *Canso*, quoique ardent patriote, ne nous paraît donc nullement avoir songé à travestir la vérité. Nous inclinons même à penser qu'il a pu éclairer sa religion par un examen attentif du champ de bataille, car ses précisions topographiques ont un caractère de réalité dont nous n'avons pas hésité à faire nos profits.

Quant aux invraisemblances militaires dont son œuvre fourmille, l'auteur nous fait l'effet de ne s'en être pas même douté. Quiconque lira ce poème en entier ne tardera pas à se convaincre qu'il est en présence d'un écrivain étranger à l'art de la guerre. Il a donc pu être facilement trompé par les récits de la rumeur publique.

Au demeurant, ne nous étonnons pas trop que l'auteur de la *Canso*, tout en écrivant à une époque peu éloignée de la bataille, ait eu autant de peine à découvrir la vérité [1]. Il sera

---

[1] Voici un dernier exemple de ce que peut l'exagération du sentiment national pour dénaturer l'histoire ; c'est ce que l'on pourrait appeler la branche espagnole de la version de la *Canso* :

Les Catalans possédaient la vérité tout entière sur la bataille de Muret, dans les mémoires du roi Jacques d'Aragon ; car nul ne pouvait être mieux renseigné que ce prince, et jamais récit ne fut empreint d'une plus admirable bonne foi. Et cependant Bernard Desclot, trompé sans doute par une tradition populaire semblable à celle d'où est sortie la version de la *Canso*, n'a pas craint de contredire absolument le récit du roi Jacques dans son propre récit, dont voici le résumé :

D'après Desclot, il n'y a jamais eu de bataille de Muret ; les deux armées ne se sont jamais heurtées, ni à Muret ni au camp. La mort de Pierre II aurait été, d'après ce chroniqueur, le résultat fortuit d'une simple escarmouche de cavalerie qui se serait passée à une certaine distance de Muret, sur la ligne de retraite des Croisés et par conséquent sur la route de Fanjaux.

Montfort, assiégé sans merci dans Muret, avec 800 hommes seulement, et tout-à-fait hors d'état de songer à soutenir une bataille,

toujours difficile de se défendre de l'erreur et de la passion sur des faits qui froissent trop vivement le sentiment national. Nous en avons eu la preuve pendant la campagne de 1870-71. Notre siècle possède des moyens de renseignement autrement prompts et sûrs que ceux dont disposait le XIIIᵉ siècle, et cependant, si l'on avait voulu écrire l'histoire de

n'aurait jamais eu qu'un but : s'enfuir. Pour y réussir, au lever de l'aurore, tandis que les Vasco-Aragonais dormaient sans faire sentinelle, Montfort, avec ses 300 hommes, sortit de Muret dans le plus grand secret et battit précipitamment en retraite. Mais sa fuite fut découverte par les assiégeants, qui se jetèrent aussitôt sur leurs armes, pour lui donner la chasse. Malheureusement le roi d'Aragon n'attendit pas ses compagnons d'armes. Il s'élança sur les traces de ses ennemis à la tête de 20 cavaliers seulement. Etant mieux monté que son escorte, Pierre II la devança de beaucoup, et, gagnant Montfort de vitesse, il se trouva presque seul au moment où il atteignit son adversaire. Celui-ci en profita pour faire brusquement volte-face avec ses trois cents hommes, accabler le roi par l'avantage du nombre et le mettre à mort. Puis les Croisés se mirent de nouveau en fuite. Lorsque l'armée aragonaise rejoignit le cadavre de son roi, sa douleur fut si grande qu'elle oublia, et de poursuivre les fuyards, et d'exercer des représailles sur la ville de Muret. Les Espagnols ne pensèrent qu'à repasser les Pyrénées pour faire à Pierre II des funérailles dignes de son rang et de sa mort héroïque.

Nous n'insisterons pas sur ce que ce récit a d'absolument inconciliable, et avec celui du roi Jacques d'Aragon, et avec l'histoire générale de la guerre des Albigeois. Nous ne l'avons cité que pour montrer jusqu'à quel point la rumeur publique peut altérer les faits, lorsque ces faits blessent trop vivement les susceptibilités si naturelles et si légitimes du sentiment national.

Nous avons cru devoir discuter avec soin les explications erronées de la bataille de Muret, qui émanent des chroniqueurs du XIIIᵉ siècle. Quant aux historiens modernes, nous allongerions sans profit notre travail si nous voulions les suivre dans leurs commentaires divinatoires sur un fait d'armes qu'ils n'ont pas pu apprécier, faute d'en connaître le terrain.

Un seul, M. l'abbé Salvan (Histoire de l'église de Toulouse, bibl. de la ville de Toulouse) nous paraît avoir précisé fort exactement le point où Montfort franchit les marais de la Louge près de Rudelle, et le lieu où l'armée vaincue fut précipitée dans la Garonne. Mais nous croyons qu'il s'est égaré sur les quatre points suivants :

1° L'auteur suppose sans preuves, et contrairement aux indications des registres terriers, que le domaine de Marragon a été le lieu du combat. Sachant, en outre, que Montfort attaqua ses adversaires en

la dernière guerre au moment même où elle a eu lieu, et
d'après les seuls récits des articles de journaux, ou même
des dépêches télégraphiques, la version qui en serait sortie n'aurait été guère plus exacte que celle de la défaite de
Muret.

passant la Louge à Rudelle, il veut identifier ces deux points et
transporte Marragon en face de Rudelle, dans les marais de la Louge,
à plusieurs kilomètres de son véritable emplacement (voir notre plan
n° 1). Sur ce terrain, l'auteur imagine une bataille dont les traits
généraux sont empruntés à la version de la *Canso* et les détails à
celle des Bénédictins, sans s'apercevoir que ces deux versions sont
incompatibles.

2° L'ensemble des chroniques, et notamment celle de G. de Puy-Laurens, place la bataille au nord-ouest de Muret, point qu'attaqua
l'avant-garde des alliés. M. Salvan, se réglant sur la seule orientation de la porte de Sales, par où sortirent les Croisés, ne s'aperçoit
pas que le choix de cette porte pour la sortie ne fut qu'un moyen de
revenir prendre à revers celle de Toulouse, et il envoie les Croisés
attaquer leurs ennemis au sud de Muret.

3° D'après P. des Vaux de Cernay, Montfort accomplit son mouvement tournant de Rudelle *en se portant sur sa gauche*. M. Salvan, supposant que les Croisés allèrent à l'ennemi en longeant la
Garonne vers le sud, aurait été obligé de précipiter Montfort dans le
fleuve s'il avait orienté son mouvement tournant *vers la gauche*;
l'auteur omet l'épisode du mouvement tournant et fait décliner les
Croisés *vers leur droite*.

4° Tout en plaçant la bataille au sud de Muret, l'abbé Salvan admet
que les vaincus furent précipités dans la Garonne au nord de cette
ville, ce qui l'oblige à faire décrire aux vainqueurs un immense cir-
cuit difficile à expliquer. En effet, si les vaincus déclinèrent vers la
droite des Croisés, c'est que Montfort, par son mouvement tournant,
les avait chargés par la gauche. L'auteur, n'ayant pas admis cet épisode, ne donne aucune explication de la direction finale.

Tels sont, à notre avis, les principaux défauts du plan de bataille
adopté par M. l'abbé Salvan. Quant à discuter ses motifs, la chose
est impossible, l'auteur n'ayant fourni à l'appui de son opinion ni une
preuve, ni une note.

CHAPITRE VI

CAUSES DE LA VICTOIRE DE MURET

Avant d'exposer notre propre sentiment sur les causes de la victoire de Muret, on nous permettra de réfuter les explications qui en ont été données jusqu'à présent.

M. de Sismondi, qui n'a pas connu la topographie du champ de bataille, et qui, par conséquent, ne pouvait pas apprécier la valeur stratégique des manœuvres de Montfort, a cherché d'autres causes à cette victoire. La principale explication qu'il a trouvée consiste à admettre chez les soldats croisés un armement d'une supériorité exceptionnelle.

D'après lui, la cavalerie des deux versants des Pyrénées, ne s'étant formée que dans ses luttes avec les Musulmans d'Espagne, n'était, comme celle de ces derniers, qu'une cavalerie légère. Les hommes du Nord, couverts d'armures plus lourdes et plus solides, montés sur des chevaux plus forts, durent avoir sur elle l'avantage de la grosse cavalerie. C'est par ce motif, d'après Sismondi, que le choc des troupes de Montfort fut irrésistible pour leurs adversaires.

Cette opinion a été reproduite par la plupart des historiens, et notamment par Henri Martin et Michelet[1].

---

[1] Sismondi (*Histoire des Français,* édition Treuttel et Wurtz, 1823, t. VI, pag. 419) : « La cavalerie des Pyrénées, non plus que celle d'Espagne, ne pouvait pas se comparer à celle de France, soit pour le poids de l'armure, soit pour la force des chevaux. Les Espagnols, accoutumés à se mesurer surtout avec les Musulmans, avaient pris leur manière de combattre, et leurs escadrons se rapprochaient beaucoup plus de la cavalerie légère que de la gendarmerie. »
Voyez dans le même sens : Michelet (*Histoire de France*, éd. Hachette ; Paris, 1852, t. II, pag. 483-485) ; — Henri Martin (*Histoire de France*, éd.Furne ; Paris, 1857, t. IV, p. 51-53).Quant aux manœuvres mêmes de la bataille, ces auteurs les empruntent à la fois, et aux chroniqueurs catholiques et à la version de la *Canso,* sans s'apercevoir que ces deux versions sont inconciliables. Nous croyons avoir suffisam-

Il nous est impossible de partager leur sentiment.

Constatons d'abord qu'en 1213 aucune cavalerie d'Europe n'avait le lourd équipement que Sismondi paraît attribuer aux Croisés. Au temps où écrivait cet historien, on confondait encore l'armure de la cavalerie du XIIIe siècle avec le pesant harnois de plates du XIVe. Mais les récents travaux ne laissent plus de doutes sur ce point. Si l'on excepte le heaume, la cavalerie n'était protégée, en 1213, que par un vêtement de mailles aussi léger que souple. Ceux qui, dans nos musées, voudront en vérifier le poids, pourront se convaincre qu'il était peut-être inférieur à celui de l'équipement complet de nos cuirassiers modernes [1].

Mais allons plus loin. Est-il vrai qu'en 1213 il existât une différence, sous le rapport de l'armement, entre les cavaliers du Nord et ceux du Midi ?

En premier lieu, il n'est pas démontré pour nous, comme le suppose Sismondi, que la cavalerie des deux versants des Pyrénées n'eût formé sa tactique que dans des combats avec les Musulmans d'Espagne. Au commencement du XIIIe siècle, la noblesse de ces contrées fut constamment en guerre ou en coalition avec les barons anglais, français, bretons, poitevins, aquitains, dont nul ne contestera la solidité de l'équipement. La noblesse gasconne avait donc, pour former sa tactique, bien d'autres écoles que les champs de bataille de Ubeda, de Mayorque ou de Valence. Quant aux Aragonais et Navarrais, on sait qu'avec les Brabançons ils fournissaient alors les mercenaires les plus redoutés sur tous les champs

---

ment démontré cette incompatibilité (ch. v) pour n'avoir pas besoin d'y revenir.

[1] Il est vrai que les chroniqueurs du XIIIme siècle, aussi bien que ceux du XIVme, signalent la fatigue qu'éprouvait la cavalerie sous le harnois de bataille ; mais ce fait n'avait pas la même cause aux deux époques. L'incommodité de l'armure du XIIIme siècle provenait de la chaleur et du défaut d'air, tandis que le harnois du XIVme fatiguait par son poids. Le vêtement de mailles, échauffé par les ardeurs du soleil, conservait son calorique, grâce à l'épaisse couche de chanvre dont il était rembourré. La tête de l'homme d'armes, en particulier, portait deux enveloppes en métal, et un égal nombre de doublures en coton piqué. Le genre de fatigue qu'éprouvait là-dessous un homme vigoureux n'était pas de la lassitude, mais de l'asphyxie.

de bataille d'Europe. Leur école de cavalerie devait donc
être essentiellement éclectique.

En second lieu, si l'on essaie de contrôler l'hypothèse de
Sismondi par les monuments de l'époque, on trouvera les
mêmes types d'armures dans les représentations des cavaliers du Nord et de ceux du Midi. C'est du moins ce que nous
avons constaté dans les musées d'armures, les miniatures,
les sceaux, les œuvres sculptées des deux peuples. Le manuscrit de la *Canso*, que possède notre Bibliothèque nationale,
contient même de nombreux dessins représentant précisément les combats dont parle Sismondi. Les deux partis y
sont représentés avec des armures identiques. Il y a plus :
ce même poème de la *Canso* va jusqu'à préciser qu'au siége
de Toulouse c'étaient les hommes du Midi qui portaient le
harnois de combat le plus complet. Les Français n'avaient,
d'après lui, que le haubert de mailles, et leurs jambes manquaient du vêtement de fer [1].

Quant au point de savoir si les chevaux montés par les
Croisés étaient plus forts que ceux de leurs adversaires, il y a
d'abord, en matière de remonte, un principe qui peut être
invoqué dans tous les temps, parce qu'il repose sur les lois
immuables de la nature : c'est que la force du cheval doit
toujours être proportionnée au poids du cavalier. En aucun
temps il n'a été possible à un régiment de cuirassiers de faire
campagne sur des chevaux de chasseurs. Si donc (comme
nous espérons l'avoir prouvé) l'équipement des cavaliers du
Midi avait le même poids que celui des hommes du Nord,
on pourrait déjà en induire *à priori* que leurs chevaux
devaient être égaux en force.

Mais les textes de l'époque ne laissent subsister
aucun doute sur cette question, car ils attribuent les
mêmes races de chevaux aux cavaliers du Nord et du Midi,

---

[1] *Canso* (v. 8350) : Yeu conosc las costumas dels Frances bobanciers :
Qu'ilh an garnitz los corses finament a dobliers,
E dejos *en las cambas non an mas los cauciers.*
On ne doit pas oublier qu'un harnois complet de bataille coûtait fort
cher, et que la supériorité de l'équipement était toujours du côté de
la nation la plus riche. Or, au commencement du XIIIᵐᵉ siècle, les
pays de langue d'oc étaient plus riches que la France du Nord, grâce
à la supériorité de leur commerce, de leur agriculture et de leurs progrès intellectuels.

et des races d'ailleurs fort légères. Les poèmes des deux régions représentent à tout instant leurs héros montés sur des chevaux arabes (que les croisades avaient mis en honneur). Le poème de la *Canso*, en particulier, attribue ce genre de montures aux chefs des deux partis [1].

Si Montfort et ses vigoureux barons, qui étaient assurément les mieux équipés, pouvaient s'accommoder d'une semblable remonte, on est en droit de supposer que celle de leurs soldats n'était pas plus vigoureuse.

Aussi inclinons-nous à croire qu'en 1213 la cavalerie des Croisés devait depuis longtemps se remonter sur place et avec les mêmes chevaux que celle de leurs adversaires. A Muret, Montfort employa principalement des hommes attachés à sa personne, et combattant sous ses ordres depuis cinq ans sans interruption. Les chevaux sur lesquels ils étaient venus du Nord, en 1208, pouvaient donc être usés. Et il n'est pas probable que chaque fois qu'ils avaient eu besoin d'une nouvelle monture, ils l'eussent faite venir à grands frais de Normandie.

Le seul fait qui pourrait militer en faveur de l'opinion de Sismondi est la grande taille des hommes de race normande, saxonne ou germanique, qui devaient abonder dans l'armée de Montfort. Ces cavaliers, étant probablement plus lourds que ceux du Midi, devaient, en choisissant leurs chevaux dans le pays même, rechercher les plus forts d'encolure. Mais si ce fait s'est produit à Muret, au lieu d'offrir des avantages aux Croisés, il a dû être pour eux une difficulté de plus. En effet, Montfort dut surtout ses succès à la rapidité de ses mouvements. Or les chevaux dont nous parlons sont impropres à escadronner. Ils sont trop vite essoufflés pour manœuvrer longtemps au galop. C'étaient donc juste les qualités inverses qui eussent convenu à la cavalerie des Croisés pour faciliter leur victoire.

Quoi qu'il en soit, nous avons beaucoup de peine à admet-

---

[1] Voyez dans la *Canso* les v. 3142, 5805, 7037, 8793 et surtout 8894 : Ladoncas esperonan *los destriers arabitz*.
Sur l'emploi des chevaux arabes par les héros des romans du Nord, voyez Viollet-Leduc : *Dictionnaire du Mobilier*, verbo **Harnois**, pages 42, 44, 45.

tre que des détails aussi microscopiques puissent rendre raison d'une victoire de 900 hommes sur 43,000. Nous croyons que Sismondi ne leur eût jamais attribué autant· d'importance s'il avait connu la topographie du champ de bataille de Muret.

Indépendamment de la thèse de Sismondi, il existe une seconde explication de la victoire de Muret. C'est celle que paraît adopter du Mège dans son édition de l'*Histoire de Languedoc* [1]. Elle consiste à faire de la journée de Muret une espèce de *journée des éperons*, et à prétendre que, si Montfort fut vainqueur, c'est parce que ses adversaires, pris d'une panique inconsciente, ne se défendirent pas. Nous n'accepterons pas non plus cette explication.

Une panique est le fait d'une armée qui, s'exagérant le danger, se débande sans avoir fait l'essai de ses forces. On ne peut pas dire qu'à Muret les Vasco-Aragonais se soient débandés sans combattre ; car nous avons vu qu'à l'exception des mille chevaliers de Raymond VI, tous les corps ennemis tentèrent à leur tour le sort des armes. Celui du roi d'Aragon se défendit avec héroïsme ; le retour offensif des milices toulousaines fut téméraire jusqu'à la folie, et il dut falloir beaucoup de hardiesse aux cavaliers catalans de l'avant-garde pour s'aventurer par la porte de Toulouse dans ces étroites rues barricadées, qui sont pour la cavalerie le plus périlleux des obstacles.

Si donc les Vasco-Aragonais furent vaincus, ce ne fut pas faute de combattre, mais plutôt faute de ténacité dans le combat. Confiants en leur nombre, ils osèrent les manœuvres les plus imprudentes ; mais à la première résistance toute leur résolution s'évanouit. Au marais de Rudelle, après avoir très-bravement barré le passage à Montfort, ils prirent la fuite aussitôt que celui-ci se fut débarrassé, par un coup de vigueur, du plus hardi d'entre eux. De même, nous avons vu que, parmi les troupes du corps de Pierre II, la mort du souverain suffit pour décourager et mettre en déroute la moitié de l'effectif.

[1] *Histoire de Languedoc*, éd. du Mège, t. V, notes du livre XXII, page 57, note 16.

Le comte de Montfort nous paraît donc n'avoir dû sa victoire ni à la supériorité de son armement, ni à une panique de ses adversaires.

A notre avis, Montfort fut vainqueur grâce à l'art avec lequel il sut tirer parti des fautes de l'ennemi, pour le détruire par fractions isolées.

La cause des divisions qui existaient entre les Vasco-Aragonais était trop ancienne et trop publique pour que le chef croisé l'ignorât. Il en trouva une nouvelle preuve sur le champ de bataille dans l'énorme intervalle que laissèrent entre elles les deux nations coalisées. En voyant, en outre, le roi d'Aragon s'exposer au poste le plus périlleux, Montfort dut concevoir la pensée d'aller d'abord, par une brusque attaque, anéantir le corps de Pierre II, puis d'accabler isolément les autres corps, immobilisés par la mort du général en chef.

Le seul obstacle à ce plan de bataille était l'avant-garde ennemie, qui obstruait l'unique passage par lequel on pût arriver jusqu'au second corps. Il fallait culbuter cet obstacle pour pouvoir aller frapper sur le roi d'Aragon le coup décisif. Mais si, même sans être vainqueur, le comte de Foix réussissait à retarder le mouvement en avant des Croisés, on devait s'attendre à voir Pierre II accourir à son aide et écraser Montfort par l'avantage du nombre.

Le chef croisé nous semble avoir résolu cette difficulté par son mouvement de la porte de Sales. Là il prit le comte de Foix à revers, autour de la porte de Toulouse, après l'avoir attiré sur un terrain défavorable où, acculé à une rivière, pressé dans un défilé, il ne put ni tirer avantage de sa supériorité numérique, ni même se défendre sérieusement. Ainsi, les Croisés purent, sans perte de temps et presque sans combat, arriver intacts jusqu'au roi d'Aragon.

Dans le succès de la seconde attaque, il y eut sans doute beaucoup plus de hasard, car la mort du roi et la désertion qui s'ensuivit ne pouvaient être prévues avec certitude. Toutefois on y peut encore suivre à la trace le projet d'accabler rapidement Pierre II, en l'isolant de tout secours. Remarquons, en effet, que Montfort ne tenta ce mouvement décisif qu'avec un effectif presque égal à celui de son ennemi (900 hommes contre 1000 environ'). Au début, ses deux premiers escadrons eurent sans doute une lourde tâche pour tenir en échec le corps entier de Pierre II ; mais ils permirent ainsi au troisième corps de prendre à revers les troupes aragonaises, et dès ce moment l'avantage de la position fut du côté des Croisés. La droite des Espagnols, culbutée sur leur centre, du t y jeter le désordre. Ces soldats, obligés de chasser constamment sur leur gauche pour prendre du champ à chaque engagement, étaient ainsi poussés à chaque pas dans la direction de la Garonne, où le terrain devait leur manquer tôt ou tard. Le roi d'Aragon, n'eût-il été ni tué ni abandonné, ne s'en serait pas moins trouvé dans de détestables conditions de combat. Ainsi on l'acculait dans une impasse en l'isolant de plus en plus du comte de Toulouse.

Le seul danger sérieux auquel s'exposât Montfort par son mouvement tournant, était d'être pris à revers par une intervention de Raymond VI sur le champ de bataille. Mais c'est peut-être aussi dans le tracé de ce mouvement tournant qu'apparaît le mieux la pensée de Montfort de séparer ses ennemis les uns des autres. Depuis le commencement de la bataille, l'armée vasco-aragonaise avait déjà soutenu trois combats, dans lesquels elle aurait été victorieuse si les contingents gascons étaient venus à son aide. Et pourtant ces derniers n'avaient pas bougé. Leur mauvais vouloir devenait donc évident. Montfort dut comprendre à ces symptômes qu'il pouvait sans danger se rabattre sur Pierre II, et que les alliés de ce dernier n'attendaient qu'une occasion pour l'abandonner. Cette occasion, le chef croisé la leur fournit lui-même, en traçant son mouvement tournant entre le second et le troisième corps ennemi. Ainsi il réussit à briser le dernier lien qui les unissait.

Passer la main entre l'arbre et l'écorce est parfois s'exposer à la faire écraser; mais enfoncer un coin dans un arbre à moitié fendu est le meilleur procédé pour le faire voler en éclats. C'est affaire de coup d'œil que de savoir distinguer entre ces deux situations si différentes ; l'événement prouva que Montfort avait bien jugé celle de ses adversaires.

Tel a été, selon nous, le plan de bataille de Simon de Montfort, tels sont les moyens par lesquels il nous semble l'avoir réalisé. Il ne faudrait pourtant pas faire remonter à lui seul le mérite de cet audacieux succès. Une bonne part en revient à la décision de ses troupes, qui n'hésitèrent pas un instant dans une manœuvre où le moindre retard aurait suffi pour tout perdre, en laissant aux divers corps ennemis le temps de se rapprocher et d'accabler les Croisés sous le nombre.

On nous permettra d'ajouter que, même avec ces excellentes troupes, la victoire ne fut possible que grâce aux défaillances d'une partie des compagnons de Pierre II, ainsi que de la cavalerie gasconne. Assurément le général croisé n'aurait jamais pu vaincre 43,000 hommes avec 900, s'il n'avait aussi bien manœuvré; mais il n'aurait jamais aussi bien manœuvré, s'il avait eu d'autres adversaires.

Comment s'expliquer cette double retraite des Gascons et des Espagnols ?

La défection du comte de Toulouse dut avoir plus d'une cause. Outre l'offense imméritée qu'il avait reçue avant la bataille et le peu de confiance dans le succès que dut lui inspirer le mauvais commandement de son allié, Raymond VI fut peut-être aussi entraîné dans cette retraite par un mouvement très-réfléchi de sa noblesse.

Nous avons déjà fait observer (ch. III) qu'au moment de la bataille de Muret, les Espagnols étaient peut-être devenus plus menaçants que les Français eux-mêmes pour l'indépendance de la Gascogne. Le petit peuple de cette contrée appelait sans doute la domination de Pierre II, parce qu'il était assez mal défendu et fort mal gouverné par ses propres seigneurs, qui l'abandonnaient constamment aux déprédations des mercenaires [1]. Mais ces seigneurs eux-mêmes qui, dans le voisinage de Raymond VI, jouissaient d'une indépendance presque absolue, ne pouvaient que redouter la domination de Pierre II, très-impa-

---

[1] Sur l'usage que la noblesse de langue d'oc fit des mercenaires au commencement du XIIIme siècle, voyez le travail de M. Géraud sur les routiers (bibliothèque de l'école des Chartes, série A, t. III, pages 125 et 417). Voyez aussi les réclamations des conciles pendant toute la guerre des Albigeois.

tiemment supportée par la noblesse aragonaise elle-
même[1]. Après avoir mis aux prises Espagnols et Français,
la noblesse gasconne put trouver habile de les laisser
se détruire mutuellement, en réservant ses propres forces
pour défendre plus tard ses libertés locales. Si elle abandonna le terrain, le comte de Toulouse n'y pouvait demeu-
rer tout seul sans y périr inutilement.

Telles sont, selon nous, les causes de la défection des seigneurs gascons.

Celles de l'abandon de Pierre II par ses propres troupes
sont beaucoup plus difficiles à connaître.

Nous ne croyons pas que ç'ait été un vulgaire mouvement de
crainte. Les Catalans et les Aragonais étaient au XIII° siècle une des races les plus braves d'Europe. Ils combattaient
sur le terrain *l'Aragon* dans la proportion de 1000 au moins
contre 900 au plus ; leur situation n'était donc pas péril-
leuse. Enfin les mêmes seigneurs que le roi Jacques signale
comme ayant abandonné son père paraissent dans tous les
combats du temps comme les chefs les plus renommés.

Obéirent-ils à un mouvement d'animosité contre leur souverain ? Nous avons déjà dit que les Aragonais se plaignaient
des empiétements de la couronne. Mais, précisément pour ce
motif, il en vint peu à Muret, et ceux qui y parurent composaient cette maynade royale qui se fit tuer jusqu'au dernier.
Le roi Jacques constate d'ailleurs que son père fut abandonné aussi bien par les Catalans que par les autres[2]. Or
les Catalans, qui n'avaient point de griefs contre leur roi,
furent au contraire ses plus fidèles soldats dans toutes les
expéditions.

L'abandon de Pierre II ne peut donc s'expliquer ni par
la trahison ni par la peur.

---

[1] Sur les causes des mécontentements de la noblesse aragonaise,
voyez de Tourtoulon : *Vie de Jacme 1ᵉʳ* (première partie, liv. I, ch. III,
p. 136, et livre II, ch. II, p. 275). Voyez aussi Beuter (*Cronica de Es-
pana*, liv. II, ch. XX, p. 106) sur la bataille de Ubeda : « De los Ara-
gonesos fueron pocos cavalleros con el rey, *por que no estavan bien
satisfechos del, pretendiendos que los quebrava sus privilegios.* »

[2] Jacques d'Aragon (al. 9, p. 16) : « *Hi de Catalunya*, en Dalmau
de Crexel, e Nuch de Mataplana, e en G. Dorta, e en Bn de Castel-
bisbal *e aquels fugiren ab los altres.* »

Qu'il nous soit permis d'indiquer une autre explication :
Nous inclinons à penser que les Espagnols, ardents catholiques, n'étaient venus qu'avec la plus grande répugnance
combattre les Croisés à Muret. Ceux de l'avant-garde s'y
trouvèrent en outre exposés, par l'impéritie du commandant en chef, à une boucherie inutile. Cette fausse manœuvre put mettre le comble à leur mécontentement. Le catholique
et le militaire durent se révolter à la fois, et se retirer
d'une querelle qui n'était pas la leur.

Voici, du reste, les motifs sur lesquels s'appuie notre con-
jecture :

1° Un an avant la bataille de Muret, les Croisés étaient
venus secourir, à las Navas de Tolosa, contre les Musulmans d'Espagne, ces mêmes Espagnols qu'on lançait maintenant contre eux. Les soldats de Pierre II purent donc
reconnaître en face d'eux, à Muret, leurs récents compagnons d'armes.

2° Au moment de combattre, cette poignée de soldats de la
foi, que l'on croyait tenir à merci dans Muret, avait demandé
la paix dans les conditions les plus honorables pour le roi
d'Aragon. La rigueur avec laquelle celui-ci les repoussa ré-
volta si vivement la générosité espagnole, que le roi Jacques
va jusqu'à signaler ce fait comme *une des causes de la défaite de son père* [1].

3° Nous avons déjà vu que les deux seigneurs les plus
dévoués à Pierre II (Nuno Sanchez et Moncade) arrivèrent trop tard pour prendre part à la bataille. On ne peut sus-
pecter leur bonne volonté, puisqu'ils avaient envoyé un
exprès pour prier le roi de les attendre. Nuno Sanchez en
particulier aurait dû arriver des premiers, puisque son domaine (le Roussillon) était sur le versant français des Pyrénées. Tant de lenteurs malgré tant de facilités ne peuvent se
comprendre qu'en supposant beaucoup de mauvais vouloir
chez les vassaux que ces seigneurs avaient appelés à
combattre les Croisés.

4° Nous avons vu encore que la cour de Rome avait agi

[1] Jacques d'Aragon (al. 9, p. 16) : « En ans que fos la batayla volies
metre en Simon de Monfort en son poder, per fer sa volentat : e volies
avenir ab el, e nostre pare nou volch pendre... *hac se a cencre la
batayla... per la merce que noy trobaren aquels qui cren de dins.*»

sur Pierre II pour le détourner de cette expédition. A plus forte raison le clergé espagnol dût-il suggérer des scrupules à la noblesse locale. Or on ne peut méconnaître l'influence de ce clergé, puisqu'il avait récemment obtenu un édit contre les Albigeois.

5° Enfin Pierre II lui-même semble avoir reconnu ces mauvais vouloirs, puisque, en promettant à Raymond VI ses mille chevaliers, au lieu de faire appel au lien féodal, il annonça qu'il les lèverait *à sa solde* [1] (mesure ruineuse où s'engloutit sa fortune entière).

Ce n'est qu'ainsi que nous nous expliquons la défection des contingents espagnols, défection aussi difficile à comprendre qu'impossible à nier. Nous ne donnons toutefois notre sentiment que dans la forme la plus conjecturale. Seulement, en dehors de cette explication, nous ne connaissons aucun fait humain qui puisse rendre raison de cette prodigieuse panique.

---

[1] *Canso* (v. 2744) : Er s'es mes en la guerra, e si ditz que vindra
Ab be M cavaliers, *que totz pagatz les a...*

CHAPITRE VII

LA TACTIQUE DE LA CAVALERIE AU XIIIᵉ SIÈCLE

On connaît maintenant notre manière d'expliquer la bataille de Muret. Si nous avons été assez heureux pour faire partager nos convictions à nos lecteurs et pour donner quelque certitude aux principales manœuvres de ce combat, le moment nous paraît venu d'en tirer des renseignements sur l'art militaire au XIIIᵐᵉ siècle.

C'est une question encore controversée que celle de savoir si les armées féodales avaient des principes de tactique. Le général Susane s'est prononcé récemment pour la négative absolue [1].

[1] Susane (*Histoire de la cavalerie*, Hetzel, 1874, tom. 1, pag. 15) : « *Ce n'était pas la guerre qu'on faisait en ce temps-là. La guerre, cette science de toutes la plus complexe, n'est pas à la portée de tout le monde..... Ce n'est qu'aux époques de grande civilisation que l'on rencontre des hommes suffisamment instruits pour avoir conscience de ses difficultés. Au moyen-âge, on ne se doutait pas plus qu'il y eût une science de la guerre qu'on ne songeait à toute autre science.* »

Nous éprouvons quelque surprise à voir M. le général Susane confondre ainsi, comme une même chose, *les sciences militaires*, qui sont modernes, avec *l'art de la guerre*, qui est de tous les temps. Les découvertes de la science ont fourni à la guerre de précieux instruments de progrès, mais elles n'en restent pas moins distinctes de l'art militaire. Elles en diffèrent tellement qu'il leur est parfois arrivé d'entraver ses progrès au lieu de les servir. C'est ainsi que le premier emploi de la poudre a retardé momentanément les progrès de la tactique, en obligeant les troupes à alourdir outre mesure le poids de leurs armures. De même, en ce moment, les découvertes de la chimie et de la métallurgie produisent, entre l'artillerie et les constructions maritimes, une rivalité qui jette dans l'incertitude toute notre tactique navale. La science ne donne donc à la guerre que des

M.Viollet-Leduc, dans ses travaux archéologiques, s'est rangé à l'affirmative, en la limitant aux manœuvres de cavalerie. Après avoir observé que le cavalier du XIIIme siècle fut plus légèrement monté et équipé que ceux des XIVme, XVme et XVIme siècles, M. Viollet-Leduc en conclut qu'il dut leur être supérieur sous le rapport des manœuvres. D'après cet auteur, la cavalerie du moyen-âge eut une véritable tactique[1].

La bataille de Muret pourra peut-être ajouter un argument historique aux preuves archéologiques de M. Viollet-Leduc ; mais, pour qu'on en puisse apprécier la portée, nous devons d'abord préciser l'état actuel de la question :

Aujourd'hui, il n'est plus contesté que la tactique de la cavalerie a dû subir un temps d'arrêt, à l'époque de la Renaissance, par suite de l'émancipation de l'infanterie et de l'invention des armes à feu.

Au XIVme siècle, les Anglais, ayant accru la solidité de leurs troupes à pied, s'en trouvèrent si bien dans leurs guerres de France, qu'on imita cette réforme jusqu'à l'exagération. Non content d'affermir le fantassin sur le champ de bataille, en l'armant de pieux et de pavois qu'il fichait en terre comme un cheval de frise, on lui adjoignit des cavaliers démontés dont la lourde armure ralentissait la marche. Puis, à l'exemple des Suisses, on forma de massives com-

instruments ; l'art militaire enseigne à s'en servir, et même à savoir s'en passer au besoin. Les généraux du XIIIme siècle n'avaient ni équipages de pont, ni canons, ni lunettes perfectionnées ; ils n'en réussissaient pas moins à passer des rivières, à pratiquer des brèches, à apprécier des distances sur le terrain, et ces difficultés vaincues n'en démontraient que mieux leur génie militaire. Il n'est donc pas possible de confondre l'art de la guerre avec les sciences de la guerre, pas plus qu'on ne confond l'artiste avec son instrument : ce qui fait l'ouvrier ce n'est pas son outil, c'est *le manche*.

[1] Voyez Viollet-Leduc (*Dictionnaire d'architecture*, verbo : *Siège*, pag. 398 ; *Dictionnaire du mobilier*, verbo : *Plates*, pages 236 à 239, et verbo : *Tactique*, pages 364 et 372). Nous avons déjà constaté ci-dessus (chap. VI, p. 101 et note 2), que le cavalier du XIIIe siècle montait des chevaux de race rapide et ne portait qu'un vêtement de mailles de fer aussi souple que léger ; celui des siècles suivants couvrit sa personne et son cheval d'un lourd harnois de plates qui ne put être porté que par des montures plus lourdes encore.

pagnies de piquiers, mêlées d'arquebusiers, qui ne pouvaient tirer que sur affûts et par conséquent au repos. Enfin
ces compagnies furent munies de lourdes pièces de canon
qui ralentissaient encore leur marche. Les carrés de piquiers
des XVme et XVIme siècles furent des citadelles vivantes qui
ne pouvaient opérer aucun mouvement rapide. Leur unique
tactique consista à enfoncer par leur poids le carré ennemi
placé en face d'elles, et à s'insérer peu à peu, comme un
coin, dans le front de bataille opposé[1].

Cet alourdissement de l'infanterie produisit dans la cavalerie le même résultat. Pour enfoncer ces massifs carrés
de fantassins, et pour se défendre de leurs projectiles à feu,
le cavalier dut épaissir les plaques de son armure, préserver
son cheval par le même procédé, et pour porter cette sur-
charge, se remonter avec des races de chevaux énormes,
incapables de manœuvrer longtemps au galop, d'opérer
sous ce fardeau des voltes, des conversions ou de rapides
mouvements de flanc. Les compagnies de gendarmes des
XVme et XVIme siècles n'eurent plus d'autre rôle que de
charger droit devant elles et d'enfoncer l'infanterie par leur
poids. Impossible de manœuvrer avec cela[2]. Ce ne fut qu'à

[1] Susane (*Histoire de l'infanterie*, Dumaine 1876, p. 90, 93, 175).
Viollet-Leduc (*Mobilier*, verbo : *Tactique*, pag. 405, 414, 416, 417, 419,
421, 423). Cette situation se perpétua jusqu'au temps où l'invention
du fusil à pierre, puis de la baïonnette, permit à l'infanterie de reprendre
sa mobilité, tout en utilisant l'invention de la poudre. Alors elle
recommença à manœuvrer.

[2] Viollet-Leduc (*Mobilier*, verbo : *Harnois*, pag. 63, 66, 70 ; verbo :
Armure, pag. 125 ; verbo : *Plates*, pag. 237 à 241 ; verbo : *Tactique*,
pages 402 à 416). L'alourdissement que subit alors la cavalerie ne
peut être comparé qu'à celui que le blindage moderne aurait fait subir
à nos vaisseaux de guerre s'ils n'avaient pas possédé la locomotion
à vapeur. En chargeant d'une cuirasse les flancs du navire et en
diminuant sa mature, nos ingénieurs maritimes auraient nécessairement limité le nombre des évolutions que peut fournir la voilure et
anéanti l'art du gabier.

Il ne faudrait pourtant pas juger d'après ce résultat particulier
l'importance militaire des XIVe et XVe siècles, auxquels nous devons
au contraire nos plus grands progrès, et notamment l'émancipation
de l'infanterie, l'organisation de la solde et des cadres, ainsi que
l'emploi de la poudre. Mais l'application même de ces nouveautés
exigea tant de tâtonnements qu'on n'eut jamais le loisir d'asseoir
les bases d'une bonne tactique. Ce fut le temps des découvertes, non
de l'application.

la fin du XVIme et au XVIIme siècle que nos troupes à cheval, revenant à leur tactique naturelle, entreprirent d'enfoncer les troupes à pied, moins par la pesanteur de leurs charges que par leur soudaineté et leur à-propos. Alors seulement nos gendarmes, allégés et dans leur équipement et dans leur remonte, surent détruire l'infanterie espagnole.

Ainsi, pendant trois cents ans, et sous l'empire d'influences étrangères, la tactique de la cavalerie française, au lieu de se perfectionner, s'était altérée de plus en plus.

Au XIIIme siècle, au contraire, nos troupes à cheval avaient été plus libres de développer leurs allures naturelles. L'infanterie n'étant pas encore une arme sérieuse, le cavalier n'avait à régler ses manœuvres que sur un adversaire semblable à lui. Etant, en outre, équipé et monté avec une légèreté qui lui permettait de tout entreprendre, il put multiplier à l'infini ses combinaisons et ses mouvements.

Il est vrai que les généraux trouvaient alors une autre espèce de difficulté dans l'indiscipline de la noblesse féodale, qui se prêtait rarement à l'exécution ponctuelle d'un plan de bataille préconçu[1]. Mais ce genre d'obstacle constituait plutôt un vice d'organisation sociale qu'un défaut intrinsèque de l'arme de la cavalerie. Il ne se produisait donc pas d'une manière constante et fatale. Dans les cas exceptionnels (comme celui de la bataille de Muret) où un chef militaire réussissait à obtenir une obéissance passive, il devait arriver à des mouvements rapides et précis. Alors on conçoit qu'il ait pu se trouver, sur le terrain, aussi maître de ses combinaisons qu'un général moderne.

Voici donc, en résumé, l'état actuel de la question sur la tactique de notre cavalerie au XIIIme siècle : Il n'est pas encore unanimement reconnu qu'elle ait su manœuvrer[2]; mais on admet que si elle l'a voulu elle l'a pu.

---

[1] La noblesse féodale devait, en principe, le service militaire gratuit. N'ayant pas droit à une solde, elle ne se croyait pas tenue à l'obéissance passive. Les rivalités d'amour-propre entre seigneurs rendaient en outre fort difficile leur classement en ordre de bataille.

[2] On devine que le mot *manœuvres*, que nous employons, faute

Le problème étant ainsi posé, nous demandons à le discuter dans les termes suivants :

S'il est vrai que les chefs d'armée du XIIIme siècle aient été capables de conceptions tactiques, on doit en retrouver quelques traces dans l'histoire du temps. Au milieu d'un nombre infini de mêlées incohérentes, doivent apparaître quelques beaux mouvements contrastant avec la turbulence féodale.

C'est un de ces rares spécimens que nous croyons avoir trouvé dans la bataille de Muret.

Au point de vue des manœuvres de cavalerie, ce combat nous paraît infiniment supérieur aux meilleurs faits d'armes du XIVme et du XVme siècles. Il semble même révéler toute une école de tactique qui apparaît dans cette obscurité du moyen-âge comme un pressentiment de la grande guerre moderne.

Enumérons les faits à l'appui de cette opinion.

I

La tactique de la bataille de Muret n'est pas seulement exempte des défauts grossiers qui causèrent les échecs de la cavalerie française au XIVme et au XVme siècles, Montfort paraît encore y avoir inauguré, plus de cent ans avant les guerres des Anglais, les mêmes manœuvres qui firent plus tard les succès des Anglais.

1° A Crécy, à Poitiers, à Azincourt, la cavalerie française pratiqua constamment la vieille tactique féodale, et se forma en plusieurs corps échelonnés les uns en arrière des autres, lesquels n'attaquèrent que successivement. Les Anglais, qui avaient l'infériorité du nombre, eurent l'art de se masser au contraire en un seul corps, et purent ainsi, dans chaque rencontre, opposer leur effectif complet à un tiers

d'autre, dans le cours de ce chapitre, ne peut avoir rien de commun avec les formations régulières, les alignements géométriques et la simultanéité des mouvements de la *théorie* moderne. Il ne représente que la direction générale imprimée à un corps de troupes dans un but tactique, direction qui au XIIIe siècle ne pouvait être suivie que d'une manière tumultueuse.

de l'armée française. Par ce moyen, ils conservèrent sur le terrain une supériorité numérique artificielle et détruisirent leurs ennemis par fractions isolées [1].

Nous avons vu que Montfort, à Muret, sut aussi, par l'habileté de ses concentrations, accabler séparément d'abord l'avant-garde vasco-aragonaise, puis le corps de Pierre II, puis les milices toulousaines attardées.

2° Dans les mêmes batailles de Crécy, de Poitiers et d'Azincourt, les Français étant disposés en échelons successifs, l'ensemble de leur armée présentait peu de front et beaucoup de profondeur. Son axe général était donc perpendiculaire à l'ennemi. Les Anglais avaient rangé au contraire leur unique corps d'armée suivant un axe parallèle au front d'attaque de leurs adversaires. Ils réussirent ainsi à s'étendre sur une grande longueur qui déborda par son prolongement le front de l'armée française. Ainsi ils purent se replier sur ses flancs et la placer entre deux attaques, soit par des mouvements tournants, soit par des embuscades [2].

A la bataille de Muret, dans le début de l'action, l'ordre des deux armées était l'ordre perpendiculaire. Mais Montfort, après avoir réuni ses deux premiers corps en un seul contre le corps isolé du roi d'Aragon, sut ramener son troisième corps à côté des deux premiers, de manière à prolonger son front de bataille, à déborder les troupes de Pierre II sur leur flanc droit, et à les placer dans un angle où elles furent prises entre deux attaques. Son dernier mouvement aboutit donc à une formation en ordre parallèle.

Ainsi, du XIIIme au XIVme siècle, entre Anglais et Français, les rôles ont été intervertis : à Muret, la cavalerie française a triomphé par la même tactique qui lui fit défaut

---

[1] Voyez Kausler (*Atlas des plus mémorables batailles*, édition française; Louis Mulandt, à Mersebourg, pag. 134, pl. 13 et pag. 87, planche 10).

Voyez aussi Viollet-Leduc (*Mobilier*, verbo : *Tactique*, p. 388, 375 à 386); Réné de Belleval, sur la bataille d'Azincourt (Dumoulin, 1865); Froissard (liv Ier, chap. XXXI); Lingard (t. V, pag. 21); Monstrelet (chronique).

[2] Voyez les mêmes auteurs qu'à la note précédente.

un siècle plus tard, et qui fit alors le succès de l'infanterie anglaise. Cette tactique consista à placer l'ennemi entre deux attaques, au moyen d'un mouvement de flanc, et à suppléer à l'infériorité du nombre par l'habileté des concentrations.

On voudra bien observer que le dernier de ces deux progrès tactiques ne fut pas, à Muret, une innovation. Guillem de Puy-Laurens, tout en faisant honneur à Montfort de cette manœuvre, explique cependant qu'elle était déjà bien connue de ses compagnons d'armes : « Posteriores properantes in »unum ad primos ictus cum prioribus affuerunt, *docti satis* »*quod pugna unanimiter aggressa victoriam parit* [1]. »

Ainsi, prenons acte de cette date : dès l'année 1213, la tactique des concentrations paraît avoir été connue et pratiquée rationnellement dans la cavalerie française.

Quant à l'ordre de bataille parallèle[2], nous ne croyons pas que Montfort l'ait adopté volontairement à Muret ; il ne s'y produisit que d'une manière fortuite, par l'effet de son attaque de flanc. Toutefois, on doit observer que ce fut précisément l'utilité de ces mouvements tournants qui mit l'ordre parallèle en honneur, au XIVe siècle. Ce fut pour prendre les Français en flanc que les Anglais d'Azincourt allongèrent leurs ailes. Ainsi le XIIIe siècle connaissait déjà le but à atteindre. L'œuvre du XIVe fut d'indiquer le moyen.

II

Non-seulement le comte de Montfort a pratiqué, dès 1213, la tactique des concentrations et des mouvements de flanc, mais il nous semble y avoir trouvé plus de facilités que les chefs militaires du siècle suivant, parce qu'il y employa des troupes plus mobiles.

En effet, les Anglais, ayant employé, pour ces manœuvres, l'arme encore peu solide de l'infanterie, éprouvèrent le besoin de lui donner de l'aplomb en l'appuyant sur un terrain favorable. Dans toutes les rencontres, l'infanterie anglaise choisissait à l'avance son champ de bataille, où elle

[1] Guill. de P.-L. (pag. 209 B).
[2] L'ordre parallèle, renouvelé des Romains, est devenu la base de la tactique moderne.

9

s'abritait derrière des obstacles naturels, qui ne permettaient pas qu'on pût la tourner sur ses ailes. Là, protégée par ses retranchements, elle attendait l'attaque de l'ennemi, et ne l'attaquait à son tour qu'après avoir brisé son élan par cette première résistance. Si elle allait jusqu'à menacer les flancs des Français, ce n'était qu'à la faveur d'embuscades qui lui permettaient de manœuvrer à couvert. Ainsi elle réussissait à vaincre, parfois sans même sortir de ses retranchements.

Cette méthode, précieuse pour la défensive, avait l'inconvénient d'immobiliser les troupes sur le sol. On pouvait prévoir que, dans ces excellents abris, l'infanterie anglaise perdrait l'habitude de manœuvrer à découvert, et que, le jour où elle en serait débusquée, elle manquerait de sang-froid. C'est ce qui lui advint au temps de Jeanne-d'Arc : celle-ci, après avoir fait à coups de canon des brèches dans ces camps retranchés, les enlevait d'ordinaire par des charges furieuses de toute sa cavalerie massée en un seul corps [1]. Une fois délogés par ces soudaines attaques, les Anglais ne surent plus ni se reformer en plaine, ni trouver de nouveaux abris. Ils se débandèrent.

Le comte de Montfort, tout en poursuivant le même but que les Anglais du XIVe siècle, put se garder des défauts de leur méthode, par cela seul qu'il employa l'arme plus mobile (et alors plus solide) de la cavalerie. A Muret, nul point d'appui stratégique ne lui fut nécessaire, et l'on peut dire que, pendant toute cette journée, il manœuvra en l'air, transportant sa tactique sur tous les terrains.

Si Montfort avait voulu garder la défensive, il aurait pu, à l'instar des Anglais, attendre ses ennemis à Muret même, derrière le formidable escarpement de la Louge, en abritant ses flancs avec le cours de la Garonne et les marais de Rudelle. Ayant trouvé plus d'avantage à attaquer, il put, avec ses troupes rapides, aller opérer sa concentration sur le terrain l'*Aragon*, en pleine position ennemie.

Cette même mobilité de la cavalerie des Croisés permit à

---

[1] Viollet-Leduc (*Mobilier*, verbo : *Tactique*, pag. 388 à 391).

leur général d'employer tour-à-tour, suivant les besoins, les méthodes de combat les plus différentes. Désireux d'abord d'enfoncer l'avant-garde vasco-aragonaise par un choc irrésistible, Montfort massa deux de ses escadrons en arrière l'un de l'autre, suivant un ordre perpendiculaire à l'ennemi. Puis, pour tourner le corps de Pierre II et menacer ses flancs, il lui fallut un front étendu : aussitôt sa cavalerie se déploya sur les ailes. On n'aurait jamais pu obtenir ces brusques changements de front avec la méthode anglaise.

En un mot, l'exemple de la bataille de Muret nous porterait à conclure que, *pour l'arme de la cavalerie*, la tactique du XIIIme siècle a peut-être été supérieure à celle du XIVme. Cette dernière, dans le but d'émanciper l'infanterie, a dû emprunter son point d'appui aux ressources du terrain, plutôt qu'à l'art des manœuvres. Le tacticien s'est fait stratégiste.

III

Bien que le XIIIe siècle ne nous paraisse avoir été supérieur au XIVe que sous le rapport des manœuvres de cavalerie, cependant, même en matière d'infanterie, il préludait déjà, plus sérieusement qu'on ne croit, aux innovations du siècle suivant.

Ainsi, nous venons d'exposer la stratégie par laquelle les armées anglaises surent accroître, sur le terrain, la puissance de leurs fantassins. Il est à remarquer que cette même méthode de combat fut proposée aux chefs vasco-aragonais, avant la bataille de Muret. Nous avons vu, en effet (ch. III, pag. 31, note 1), que, dans le conseil de guerre qui précéda la bataille, le comte de Toulouse conseilla d'attendre les ennemis dans la bonne position retranchée du camp (flanquée d'un côté par la Garonne, de l'autre par le marais de Rudelle et dont le front avait une grande étendue). Il voulait y garder la défensive, en rompant la première attaque des Croisés avec les projectiles de l'infanterie, puis les culbuter par des sorties de cavalerie opérées sur les ailes. N'est-ce pas là, mot pour mot, la méthode suivie par les anglais à Crécy et à Azincourt ? Même préoccupation d'affermir par la stratégie les troupes à pied, à l'encontre des troupes à cheval; même défensive sur un terrain choisi d'avance; même offensive après avoir brisé avec l'infanterie le premier choc des cavaliers; même tendance à déborder l'ennemi sur les flancs, en adoptant l'ordre parallèle.

Si donc les Anglais ont eu, les premiers, le mérite de faire passer cette méthode dans la pratique quotidienne des armées, il faut bien reconnaître que, comme théorie, elle était déjà connue et sérieusement raisonnée, dès 1213, par nos seigneurs de langue d'oc. Seulement, le ton de hauteur impétueuse sur lequel le roi d'Aragon repoussa ce conseil nous donne un exemple de ce que pouvait la turbulence du temps pour paralyser les meilleures conceptions des-tacticiens du XIIIe siècle.

IV

Si l'ensemble des combinaisons et des manœuvres du combat de Muret accuse l'existence d'une école de guerre réfléchie, les détails d'exécution de cette bataille la révèlent, selon nous, d'une manière encore plus évidente.

Dans ces armées indisciplinées du XIIIme siècle, on hésite à faire honneur aux chefs du succès des mouvements d'ensemble, parce qu'on sait combien était rare la rigoureuse exécution de leurs ordres. On craint de leur faire un mérite de résultats qui n'ont été le plus souvent que le fruit du hasard. Mais il n'en saurait être de même des actes personnels par lesquels un général en chef s'efforce d'organiser d'avance la victoire. Ceux-là émanent bien d'une volonté réfléchie. Si donc nous pouvons relever des particularités de ce genre au cours de la bataille de Muret, elles doivent, mieux que des faits généraux, nous renseigner sur le degré de maturité de l'art militaire en 1213.

C'est sur ce point que nous allons maintenant diriger notre attention :

A cet égard, un fait nous frappe entre tous : c'est la somme de calcul, de prévision que déployèrent les Croisés dans cette bataille :

1° L'ennemi fut constamment observé par eux avec le plus grand soin.

Avant même d'arriver à Muret, ils avaient déjà su entourer Pierre II d'une surveillance assez habile pour intercepter jusqu'à sa correspondance amoureuse.

Dans les 24 heures qui précédèrent la bataille, ils réussirent si bien à connaître les dispositions de combat de leurs adversaires, qu'ils purent, avant même d'entrer en ligne, prendre des mesures précises pour tuer le roi d'Aragon. C'est à nos yeux un fait remarquable que de Roucy et de Ville aient pu projeter d'avance leur attaque contre le souverain : ils avaient donc observé sa présence à la tête du second corps; fait qu'ils ne pouvaient prévoir, puisqu'il était contraire à l'usage.

2° Le terrain du champ de bataille paraît aussi avoir été minutieusement étudié par les Croisés.

Il est évident pour nous que, dans le peu de temps qui précéda la bataille, ils avaient su découvrir le sentier qui leur permit plus tard de traverser le marais de Rudelle. Comment en effet comprendre que, pendant le combat, Montfort eût eu la pensée de faire avec son troisième corps cet immense détour, s'il n'avait su d'avance qu'il trouverait sur ce point un passage? La situation était si pressante que du mouvement tournant de Rudelle dépendait le sort de la journée. Si Montfort n'avait pas eu la certitude que le sentier fût accessible à la cavalerie, il ne se serait jamais risqué à égarer ou à engloutir dans des terrains mouvants le dernier corps qui lui restât pour gagner la partie.

Ainsi, étrangers et arrivés de la veille, les Croisés connaissaient déjà mieux leur terrain que les indigènes eux-mêmes, car, si les ennemis avaient observé le sentier de Rudelle et ses périls, ils l'auraient très-certainement ou coupé ou défendu.

3° Montfort est à la fois un stratégiste et un tacticien. On a vu avec quel art il sut attirer et retenir l'avant-garde vasco-aragonaise sous la porte de Toulouse, pour la prendre à revers par celle de Sales ; comment, à l'abri des traits dans l'angle rentrant de cette dernière porte, il sut prolonger près d'une demi-heure sa feinte retraite, puis écraser ses ennemis, en une minute. Si cette manœuvre est remarquable comme choix du terrain, elle ne l'est pas moins au point de vue tactique, car elle unit à une précision rigoureuse une simplicité qui était indispensable à des troupes aussi peu manœuvrières que l'étaient celles du XIIIme siècle.

4° Mais c'est surtout dans l'ordonnance des troupes, avant la bataille, que Montfort déploie ce souci des moindres détails, qui ne veut rien abandonner au hasard.

Ses trois escadrons, pouvant être appelés à manœuvrer séparément, ont besoin de chefs expérimentés. Aussi, malgré la réputation sans rivale de Guillaume des Barres, on ne donne aucun commandement à ce dernier, qui, nouvellement arrivé, n'a pas la pratique de ce genre de guerre. C'est à Guillaume de Contre, à Bouchard de Marly, deux vieux compagnons d'armes, qu'est confiée la direction des deux premiers corps.

Mais, pour imprimer à leur charge commune cette vigueur qui doit la conduire d'emblée jusqu'au terrain l'*Aragon*, il faut un chef de file héroïque. C'est Guillaume des Barres que l'on place à leur tête, au premier rang (*los pres a capdelar*).

5° La résolution adoptée par Montfort de se passer du concours de son infanterie nous paraît encore un fait instructif. On y reconnaît sans doute le dédain du XIIIe siècle pour les troupes à pied ; mais cette mesure caractérise bien aussi la tactique du temps, qui reposait sur la rapidité et la précision des manœuvres : l'infanterie des Croisés n'était pas assez nombreuse pour apporter à Montfort un appui sérieux, et sa participation au combat pouvait au contraire lui faire perdre la seule chance de succès qui lui restait. Déployés devant lui en tirailleurs, ces fantassins auraient embarrassé toutes ses charges, lesquelles ne durent le succès qu'à leur soudaineté. En réduisant sa microscopique armée de 1600 hommes à 900, Montfort se priva d'un appui douteux et acquit une tactique décisive. C'est à ce sacrifice qu'il dut la victoire.

6° Enfin, dans sa conduite personnelle, Montfort rappelle bien moins les allures d'un chef barbare que les procédés d'un général moderne, qui sait subordonner les passions du soldat aux exigences du commandement.

Ainsi, de Fanjaux à Muret, c'est lui qui presse l'ardeur des troupes, dont l'arrivée est nécessaire au salut de la place. Arrivées à Muret, c'est lui qui les retient et s'oppose au combat, aussi longtemps qu'il n'a pas réuni tous ses renseignements et ses derniers effectifs.

Le lendemain, au contraire, les fautes de l'ennemi lui offrant une occasion de vaincre, il ne veut plus souffrir une minute de retard. Mais l'attrait de la première charge, où il pourrait avoir l'honneur d'accabler personnellement le roi d'Aragon, ne lui fait pas perdre de vue son rôle de commandant en chef. Prévoyant que cette attaque ne pourra pas terminer la journée, il reste à l'arrière-garde pour surveiller l'ensemble de la lutte.

Au mouvement tournant de Rudelle, au contraire, la manœuvre est décisive, et il faut réussir à tout prix. Alors nous le voyons payer de sa personne et engager, comme un simple soldat, une lutte homérique, à la sortie du marais.

Enfin, sitôt que le succès de cette manœuvre a donné l'avantage à ses deux premiers corps, le général en chef reprend son véritable rôle, cesse de combattre et reforme son troisième corps en réserve, pour surveiller celui de Raymond VI et l'ensemble de la bataille.

Assurément, cet empire sur soi-même, cette vigilance universelle font plus d'honneur au génie personnel de Montfort qu'à celui de son temps. Toutefois, ces mille précautions de détail, avec leur caractère pratique, nous paraissent aussi révéler les habitudes militaires de l'époque. La guerre que l'on conduisait ainsi était évidemment une guerre d'intelligence, non de force brutale.

V

On a d'autant plus le droit de juger l'art militaire du XIII⁰ siècle d'après les manœuvres de Muret que ces manœuvres, pour être en progrès sur la tactique générale de leur temps, ne sont nullement en contradiction avec elle. C'est bien, au demeurant, la même manière de combattre que les Normands avaient mise en honneur dans toute l'Europe militaire.

La race normande se distinguait alors par un mélange de ruse et de force, et ne craignait pas de seconder par la feinte l'œuvre de son épée. Elle se plaisait à la guerre de cavalerie ; la rapidité de ses mouvements, l'éclat un peu artificiel de ses charges, favorisaient son goût pour les surprises, pour les ruses de guerre, pour les manœuvres improvisées.

Dès leurs premières incursions sur le sol français, les Normands s'étaient signalés par une tactique de mouvements rapides qui avait causé plus d'un embarras à notre dynastie carolingienne. En prenant possession du sol anglais, on les vit, à Hastings, imaginer une feinte retraite semblable à celle de la porte de Sales, à la bataille de Muret. Dans leurs expéditions d'Italie, ils se comportèrent en diplomates autant qu'en soldats. Ces qualités leur avaient acquis de bonne heure une grande prépondérance dans les armées d'Angleterre, de France, d'Italie, et surtout parmi les Croisés, qui avaient constamment besoin d'une cavalerie rapide, pour tenir tête aux Orientaux. Leur tactique fut imitée partout jusqu'à la fin du XIIIe siècle [1].

En ce sens, on peut dire que la guerre des Albigeois fut une guerre normande. Elle en eut toute la fécondité d'invention, toute la variété de procédés : au début de la campagne, instruits des divisions qui paralysent leurs adversaires, les Croisés les déconcertent par une hardie marche de flanc qui, en deux mois, les porte de Lyon à Beaucaire, de

[1] Sur la tactique des Normands, voyez Viollet-Leduc (*Mobilier*, verbo : *Tactique*, pag. 369 à 371).

Beaucaire à Béziers, sans coup férir. Après la prise de Carcassonne, Montfort, abandonné par la plupart de ses soldats, sent la nécessité d'assurer sa position : passant aussitôt de la guerre rapide à une patiente guerre de siéges, il prend en cinq ans plus de cent places fortifiées. Enfin, lorsque les hommes de langue d'oc tentent une levée de boucliers générale, Montfort, revenant à la grande tactique, improvise à Muret les manœuvres que nous venons d'analyser :

Cette dernière bataille a tous les caractères de la tactique normande du XIIIe siècle. C'est bien la même circonspection dans les détails, le même art des feintes, la même soudaineté dans les attaques, le même groupement ingénieux des forces, qui écrase l'ennemi avec des majorités artificielles, et qui en détruit une partie, avant que l'autre ait eu le temps d'apprendre son échec.

C'est bien une idée normande que celle d'accabler Pierre II, dès le début de l'action, pour obvier au désavantage d'un combat de 1600 hommes contre 43,000.

Montfort lui-même, dans une sage mesure, n'est pas exempt de certains traits de ce caractère normand, moitié lion, moitié renard.

Ainsi, les prélats tenaient ouvertes les portes du faubourg, pour témoigner de leurs intentions pacifiques. Montfort les laisse ouvertes, même au moment où l'ennemi vient les assaillir, bien qu'il n'en ait aucun besoin pour faire sortir l'ambassade ecclésiastique, qui pourrait passer par les poternes. C'est évidemment qu'il veut attirer les assaillants sous la porte de Toulouse, pour les prendre à revers par celle de Sales. Et même au moment où il médite cette offensive, nous le voyons affecter une attitude défensive, simuler une fuite, pour attirer l'ennemi en deçà de la Louge et le jeter dans la rivière.

On dirait que Montfort *se pelotonne pour mieux bondir*.

C'est par ce côté que la bataille de Muret rappelle le génie normand du XIIIe siècle. Quoique en avance sur son temps par la tactique, par les mœurs militaires, elle est bien de son temps.

VI

Nous nous attendons toutefois à voir la perfection même
de ces manœuvres éveiller quelques doutes sur leur réalité
chez ceux qui considéreront l'imperfection de la tactique
française dans les siècles suivants.

Il est positif en effet qu'à Crécy, à Poitiers, à Azincourt, la
cavalerie française n'a jamais su pratiquer ni concentrations, ni mouvements de flanc, et qu'elle a toujours attaqué
par échelons successifs, comme aux temps féodaux les plus
reculés. On peut donc nous objecter que, si le XIIIᵉ siècle
avait connu l'habile tactique de Muret, le XIVᵉ n'aurait pas
manqué d'en faire usage.

A cela nous répondrons qu'au XIVᵉ siècle, l'art de la
guerre offrit des difficultés nouvelles, contre lesquelles les
moyens dont disposait Montfort auraient été insuffisants.

C'est en effet à cette époque qu'éclata notre grande lutte
nationale contre les Anglais, lesquels accomplirent une véritable révolution dans l'art militaire. Leurs milices commu-
nales, combattant à pied, donnèrent à l'arme de l'infanterie
une solidité jusqu'alors inconnue, et l'appuyèrent sur un
système de retranchements qui suppléa à la tactique par la
stratégie. En même temps, toutes les nations remplacèrent
l'armure de mailles par celle de plates.

Ainsi le XIVᵉ siècle introduisit sur le champ de bataille
trois nouveaux éléments : une arme nouvelle, l'infanterie ;
une nouvelle école, la stratégie ; un nouvel outillage, le lourd
équipement.

Or, ces innovations firent perdre à notre légère cavalerie
du XIIIᵉ siècle la moitié de ses moyens : non-seulement le
cavalier se trouva impuissant contre des fossés ou des bar-
ricades, mais, sous le poids du nouveau harnois de bataille,
il lui fut impossible de fournir ces manœuvres rapides qui
avaient été jusqu'alors d'un si grand effet moral. On eut au
contraire, en cas d'échec, tout à redouter du désordre que
ces charges folles jetaient dans nos propres rangs, et que le
fantassin anglais (bien abrité) attendait froidement pour
prendre l'offensive.

Pour vaincre ces obstacles, nos cavaliers changèrent de tactique.

La plupart d'entre eux s'attachèrent à surmonter la force par la force, à accroître la puissance de leur choc à mesure que s'accroissait la solidité de la résistance. C'est ainsi qu'ils épaissirent leurs armures, élevèrent la taille de leurs chevaux, et insistèrent sur la formation en ordre perpendiculaire, qui est en effet la méthode de combat dont le choc est le plus puissant. Ainsi se produisit parmi nos cavaliers cette espèce de retour à la tactique barbare, qui causa nos défaites de Crécy, de Poitiers et d'Azincourt. Ceux qui abondèrent dans cette voie ne purent évidemment pas pratiquer la méthode du comte de Montfort [1].

Un autre groupe d'hommes de guerre (parmi lesquels Du Guesclin) s'efforça cependant de conserver à nos troupes de cavalerie leur mobilité naturelle ; mais il fallut bien faire des concessions à l'équipement de l'époque. Impossible

[1] Il ne faut pas trop s'étonner de ce retour à la méthode des attaques furieuses, dépourvues de toute manœuvre. Quand on se trouve arrêté par un obstacle puissant, c'est bien le mouvement le plus naturel que de chercher d'abord à le surmonter par un choc plus puissant encore. Aujourd'hui même, pour tenir tête aux progrès de l'artillerie, notre tactique navale n'a rien trouvé de mieux que de blinder ses vaisseaux et de les munir d'un éperon, pour aller éventrer le vaisseau ennemi, de même que notre cavalerie des XIV° et XV° siècles se bardait de fer et tentait d'éventrer les retranchements anglais par la puissance de son choc. Si, un jour, nos marins essayaient de renoncer à leur blindage, pour retrouver leur liberté d'évolution, ils ne feraient qu'imiter nos cavaliers du XVII° siècle, qui finirent par jeter leurs cuirasses au fossé.

Non-seulement le premier mouvement tactique est de surmonter la force par la force, mais il faut bien reconnaître que c'est grâce à ce procédé que Jeanne-d'Arc vint à bout de la stratégie anglaise. Jeanne-d'Arc n'apporta à la tactique de Crécy et d'Azincourt que deux modifications : avant l'attaque, faire brèche aux retranchements ennemis avec quelques volées d'artillerie ; puis charger en une seule masse, au lieu de se diviser en plusieurs corps jalonnés. Avec ces deux restrictions, l'ordre d'attaque suivi par Jeanne-d'Arc fut toujours, comme à Azincourt ou à Crécy, l'ordre perpendiculaire, auquel elle n'ajouta qu'un accroissement de confiance et de vivacité dans la charge. Quant à l'emploi de l'ordre parallèle et de manœuvres savantes destinées à prendre l'ennemi à revers ou à le déborder par les ailes, nous n'en trouvons aucun exemple dans la vie de la Pucelle. Ses victoires sont le fruit d'un réveil moral, non d'un progrès intellectuel.

de garder le vêtement de mailles, quand l'ennemi adoptait la plate et alourdissait ses coups ; impossible d'opposer des chevaux de race légère aux grandes montures anglaises ou allemandes. On ne put donc réaliser qu'une méthode éclectique, qui, sans renoncer à manœuvrer, ne gardait plus grand'chose de la soudaineté et de la précision d'autrefois. D'ailleurs on se sentait désormais en présence d'adversaires trop avisés pour risquer les charges, plus brillantes que solides, des temps dépourvus de bonne infanterie. Aussi n'arriva-t-on qu'à une imitation bien décolorée de la cavalerie du XIIIe siècle.

Nous apprécierons bien les embarras de cette tactique du XIVe siècle, si nous comparons la bataille de Muret avec le meilleur fait d'armes de Du Guesclin, sa victoire de Cocherel (1364).

A Cocherel, Du Guesclin avec les Français, le Captal de Buch avec les Anglais, occupaient, en face l'un de l'autre, deux positions également favorables à la défensive, et assez semblables à celle de Montfort dans Muret et des Vasco-Aragonais dans leur camp. Mais ni Du Guesclin ni le Captal n'en voulaient sortir pour attaquer avec le désavantage du terrain. Après que les deux armées se furent attendues et provoquées pendant deux jours, Du Guesclin, qui était adossé à l'Eure (comme Montfort à la Garonne), simula un mouvement de retraite par le pont du fleuve (comme fit Montfort par la porte de Sales). Alors les Anglais, enhardis, vinrent l'attaquer (comme fit pour Montfort l'avant-garde vasco-aragonaise). Du Guesclin attendit l'ennemi et fit durer sa résistance. Pendant ce temps, un corps de 200 lances françaises, masqué par des bouquets d'arbres, put s'avancer sur les ailes de l'armée anglaise, sans être vu ni rencontrer aucun obstacle. Alors il se démasqua, fondit sur les derrières des Anglais et décida la victoire. Ce dernier mouvement eut donc un résultat semblable à celui du mouvement tournant des Croisés à Muret [1].

On voit que les deux combats de Cocherel et de Muret

---

[1] Sur la bataille de Cocherel, voyez Froissart (liv. I, ch. CLXV), et les détails que donne le poète Cuvelier, moins suspect de partialité pour l'Angleterre. — Voyez aussi Viollet-Leduc (*Dictionnaire de*

supposent chez les deux généraux la même intention tactique. Des deux parts, c'est la même feinte, pour aboutir au
même mouvement tournant. Et cependant quelle différence
entre la liberté d'allures du combat de Muret et la prudence,
la lenteur de celui de Cocherel !

Montfort, même avec l'infériorité du nombre, ose prendre l'offensive ; Du Guesclin n'accepte le combat que lorsqu'on vient l'attaquer sur un terrain favorable.

L'un et l'autre ont à tenir en échec la première attaque
ennemie, jusqu'au moment où leur manœuvre de flanc aura
décidé la victoire. Mais, pour attendre l'effet de ce mouvement tournant, Du Guesclin se contente de prolonger sa
résistance sur son propre terrain. Montfort, pour arrêter
la marche en avant de Pierre II, ne craint pas d'aller
l'assaillir au tènement *l'Aragon*, en plein terrain ennemi, où
ses deux premiers corps, découverts de tous côtés, ne pourront tenir que quelques instants. Il faut donc, pour que sa
manœuvre réussisse, que la marche de flanc du troisième
corps s'accomplisse avec autant de précision que de rapidité.

Enfin, ce mouvement tournant lui-même, comment s'ac-
complit-il dans les deux batailles ? Les 200 lances de Du
Guesclin opèrent leur marche de flanc à couvert et sans
être pressées. Puis, quand elles ont débordé les troupes
anglaises, elles n'ont plus qu'à les charger en droite ligne.
C'est donc plutôt une simple embuscade qu'une véritable
manœuvre. Elle n'exige aucune qualité tactique. Le troisième corps de Montfort, au contraire, doit opérer à découvert, sous les yeux de l'ennemi, et à une allure rapide, un
mouvement presque constant de conversion, sur une longueur de plusieurs kilomètres, tout en combattant le détachement qui vient lui barrer le passage, à la sortie du
marais de Rudelle.

Le seul rapprochement de ces deux manières de manœuvrer suffit pour démontrer combien les ressources tactiques
des deux époques sont différentes. Les deux généraux
tendent au même but, mais ils ne disposent pas des mêmes
moyens. Montfort sait qu'il n'a rien à redouter de l'infante-

l'architecture, verbo : *Siége*, pag. 418) et Siméon Luce (*Histoire de Du Guesclin*, tom. I, chap. xiv).

rie ennemie, et contre une cavalerie semblable à la sienne,
il peut donner libre carrière à son génie inventif; Du Guesclin, connaissant l'adversaire avisé qu'il a en face de lui,
n'entend rien livrer au hasard. Montfort commande une
troupe rapide, il la fait combattre en manœuvrant; Du
Guesclin sait les embarras de ses lourdes lances, il ne leur
demande que ce qu'elles peuvent faire.

Là est tout le secret de la décadence de notre tactique de
cavalerie au XIVe siècle. Elle est devenue moins inventive
et moins brillante, parce qu'elle a eu affaire à des adversaires plus sérieux [1].

Au demeurant, il en est de l'art de la guerre comme de
tous les autres arts. Un art qui n'a qu'une sphère d'action
limitée arrive facilement à la perfection. Mais si l'on entre-
prend d'étendre son domaine, à chaque extension, ses progrès sont ralentis par le travail d'assimilation des nouveaux
éléments. L'art militaire du XIIIe siècle se limitait à la
tactique, et uniquement à la tactique de la cavalerie. Il eut
bientôt perfectionné ses combinaisons et ses manœuvres.
Le XIVe siècle étendit son problème à l'arme de l'infanterie, à la science stratégique, à l'emploi des armes à feu ;
il perdit en perfection ce qu'il gagna en variété. Les nouvelles armes prirent un peu de place aux anciennes et jetèrent quelque perturbation dans leurs principes.

C'est ainsi que nous comprenons que, malgré la progres-
sion constante de l'art militaire en général, la tactique de la
cavalerie ait pu être plus parfaite au temps de la bataille de
Muret que pendant les siècles qui l'ont suivie.

---

[1] Le changement inévitable que subit notre tactique de cavalerie,
depuis le temps de Montfort jusqu'à celui de Du Guesclin, pourrait être
comparé aux différentes manières de combattre qu'adopta Napoléon Ier,
suivant les adversaires auxquels il eut affaire. Dans sa première campagne d'Italie, contre les Autrichiens encore ignorants de sa nouvelle
tactique, il ne craignit pas d'occuper les positions les plus hardies,
d'oser les manœuvres les plus brillantes. A Wagram, au contraire,
contre les mêmes Autrichiens, mieux instruits par leurs récents .
revers, l'Empereur visa plutôt à vaincre par la solidité que par l'éclat.
C'était cependant le même génie; mais il n'avait plus les adversaires
de 1796.

CONCLUSION

Nous pouvons maintenant caractériser dans son ensemble la portée militaire de la bataille de Muret, et énumérer les enseignements qu'elle contient, selon nous, sur l'art de la guerre au XIII° siècle.

1° On y trouve d'abord la preuve qu'en 1213 il existait déjà des chefs d'armée capables de concevoir un plan de bataille réfléchi et méthodique. La seule journée de Muret nous en montre deux : Montfort un tacticien, et Raymond VI un stratégiste, qui eût été fort écouté cent ans plus tard.

2° En tant que manœuvres de cavalerie, celles de Muret nous paraissent avoir devancé, pratiqué même avec plus de perfection, les principes tactiques des siècles suivants, et notamment l'art des concentrations et des mouvements de flanc.

3° Pour l'arme de l'infanterie, le plan de Raymond VI fait déjà pressentir, dès 1213, la grande révolution de la tactique anglaise du XIV° siècle.

4° Les nombreux détails que nous avons groupés au § IV prouvent encore que, bien qu'au XIII° siècle les chefs de troupes aient réussi difficilement à se faire obéir, ils ont pu toutefois, dans quelques circonstances exceptionnelles, organiser la victoire avec autant de précision qu'un général moderne.

5° Enfin nous voyons que cette manière intelligente de faire la guerre avait déjà, en 1213, une certaine notoriété ; car les chroniqueurs de tous les partis lui apportent le tribut de leurs éloges. Nous avons déjà signalé le mot de G. de Puy-Laurens en l'honneur de la tactique des concentrations; P. des Vaux de Cernay blâme comme une faute militaire l'acte de présomption par lequel le roi d'Aragon voulut se poster au deuxième corps ; G. de Puy-Laurens et la *Canso* exposent avec complaisance l'habile plan de bataille proposé par Raymond VI ; le roi d'Aragon n'hésite pas à qualifier de *mal ordonament* les fautes de tactique de son père, et il les analyse avec une sûreté de critique qui ferait honneur à un tacticien moderne [1-2].

En terminant cette étude, nous tenons à limiter avec soin nos conclusions, dont on pourrait s'exagérer la portée.

Notre restauration de la bataille de Muret a deux buts : Son premier objet est d'arriver à quelque certitude sur un fait d'armes encore mal connu.

En second lieu, elle tend à démontrer, par les manœuvres de Muret, que la cavalerie du XIIIe siècle a possédé une tactique réfléchie, supérieure même à celle des siècles suivants.

[1] Voyez G. de Puy-Laurens (pag. 209 B) ; P. des Vaux de Cernay (pag. 87 B) ; *Canso* (v. 3006 à 3014) ; *Chronique de Jacques d'Aragon* (al. 9, p. 16).

[2] Le désir de dégager et d'isoler dans ce chapitre les grands traits de la tactique de Muret nous a fait négliger bien des détails qu'on pourrait relever dans cette bataille pour préciser l'état des mœurs militaires en 1213. En finissant, on nous permettra d'en signaler deux principaux :

1° Il est généralement reconnu que longtemps avant l'établissement d'une solde dans nos armées, l'aristocratie féodale, bien que tenue au service gratuit, recevait souvent de son suzerain des subsides destinés à prolonger sa présence sous les drapeaux ou à étendre son service militaire en dehors d'un certain rayon. M. Boutaric (*Institutions militaires*, pages 191, 195, 196) a même constaté que cette tendance avait été plus précoce et plus générale dans les pays de langue d'oc. Nous en trouvons une preuve de plus à l'occasion de la bataille de Muret : la *Canso* (v. 2743) dit que don Pedre, pour entraîner son armée au-delà des Pyrénées, dut la prendre tout entière à sa solde : *Que totz pagatz les a.*

2° On n'est pas encore entièrement fixé sur l'époque où se généralisa, dans les armées féodales, l'usage des cottes armoriées. M. Viollet-Leduc le place vers la fin du XIII° siècle (*Mobilier*, verbo : *Cotte*, pages 285, 286). Nous avons vu qu'à Muret, dans la mêlée du terrain l'*Aragon*, un seigneur espagnol fut pris pour Pierre II parce qu'il avait *endossé ses armes*. Si ces expressions visent le *vêtement* et non l'*armure*, comme il nous paraît probable, elles feraient remonter l'usage des cottes armoriées avant 1213, au moins pour les très-grands seigneurs.

Toutefois il ne faudrait pas trop étendre ces conclusions :

Et d'abord, ce qui est en progrès, selon nous, au XIIIe siècle, c'est l'intelligence de la guerre, mais non *les mœurs militaires*. Celles-ci, trop violentes pour se soumettre à une discipline, paralysent les vues des tacticiens et rendent fort difficile et fort rare leur réalisation. La théorie de la guerre semble alors, par la pénétration de ses aperçus, devancer de plusieurs siècles les progrès de la pratique. Cette dernière n'a pu la rejoindre que lorsque l'esprit organisateur de la Renaissance a su dompter l'indiscipline du soldat, en régularisant la solde et les cadres.

En second lieu, nous reconnaissons que la bataille de Muret ne peut constituer à elle seule une preuve suffisante pour autoriser des conclusions générales. Aussi ne présentons-nous ce fait d'armes au lecteur que comme un premier argument à l'appui de nos conjectures, un premier témoignage historique conforme aux documents relevés par l'archéologie.

Mais nous le trouvons si important qu'à notre avis il n'en faudrait pas un très-grand nombre pour autoriser à conclure.

C'est pourquoi nous exprimons le vœu que des monographies semblables à la nôtre viennent remettre à l'étude les batailles du XIIIe siècle, pour les soumettre à une analyse plus pratique que celle qui a été employée jusqu'à présent. Que l'on prenne la peine, ainsi que nous l'avons fait pour Muret, de restaurer d'abord la topographie de chaque champ de bataille, puis de chercher dans la configuration du terrain l'explication des renseignements tactiques fournis par les chroniqueurs. Qu'on n'oublie pas surtout de les contrôler par des comparaisons avec la pratique de la guerre moderne et avec ces exigences de la vie réelle qui sont les mêmes dans tous les temps.

Si l'on voulait bien observer cette méthode expérimentale, nous ne serions nullement surpris que l'analyse et le rapprochement des principaux faits d'armes du XIIIe siècle vinssent à modifier profondément l'opinion que l'on se fait encore de l'art de la guerre au moyen-âge.

10

Pour nous, l'esprit militaire des chefs de troupes de cette époque n'a rien de commun avec l'instinct de combattivité brutale qui a pu régner dans les armées, au temps qui a suivi les invasions barbares. Si l'on tient compte de l'imperfection des moyens matériels et moraux dont disposait l'homme de guerre du XIII° siècle, on reconnaîtra peut-être que, dans l'emploi de ces moyens, il s'est montré aussi intelligent, aussi novateur que celui des temps modernes.

Une dernière observation en finissant :

Toute restauration de notre passé militaire offre une double difficulté. Elle veut à la fois et de minutieuses connaissances archéologiques, et des connaissances techniques dans un art qui n'est accessible qu'aux hommes de guerre. Il est bien difficile à l'historien de réunir ces deux aptitudes.

Aussi la solution de ces délicats problèmes exige-t-elle deux examens successifs. C'est à l'historien de trouver les preuves, de les mettre en ordre et de les exposer dans un ensemble logique. C'est ensuite au militaire de profession qu'incombe le soin d'émettre sur ces conclusions une opinion technique qu'il a seul le droit de prononcer avec autorité.

De ces deux opérations nous n'avons accompli que la première. Aux hommes spéciaux de s'acquitter de la seconde, sur laquelle nous ne pouvons que confesser notre incompétence.

PIÈCES JUSTIFICATIVES

PIÈCE A

PROCÈS-VERBAL DE DÉMOLITION DU CHATEAU DE MURET

Le château de Muret a été démoli à la suite d'un différend intervenu entre la ville de Toulouse et celle de Muret, différend dont les pièces existent encore aux archives du Capitole de Toulouse.

Un arrêt du conseil du roi, en date du 23 mai 1623, ayant prononcé l'extinction de la châtellenie de Muret et prescrit la démolition du château, au mois d'août 1623, MM. de Mauvesin, capitoul, et de Cassand, conseiller au parlement de Toulouse, furent commis par le parlement et la ville de Toulouse pour procéder à la démolition du château de Muret. Au mois de juin 1624, ce travail était terminé.

Un procès-verbal du 12 de ce mois en donne une relation assez complète pour qu'on puisse reconstituer l'ensemble de la fortification. Nous n'en citerons ici que quelques précisions nécessaires pour localiser certains incidents de la bataille de Muret :

On commença par la démolition des courtines.

« Il fut question d'abattre les murailles *desquelles il y avait environ*
» *quatre mille cannes carrées* [1], ayant de haulteur huict cannes sur
» terre...... et pouvait-on aller tout le tour dudit château sur icelles
» et se rendre *aux troys tours qu'il y avait aux troys angles,* sans
» qu'il y eut moyen de monter en icelles tours que par dessus les
» dites murailles, ni sur les dites murailles que par ung degré à vis
» de pierres.......
» *Les troys tours estaient, l'une du cousté de la ville, vers la*
» *rivière,* appelée la tour de Lissac, regardant la dite ville, le moulin
» et la rivière de Garonne, de haulteur de dix-huict cannes.... *l'autre,*
» *appelée la tour Prime,* aussi du cousté de la ville, *et regardant*
» *la rivière de Louge........* et *l'autre, appelée la tour de Louge,*
» *estant sur l'embouchure de la dite rivière de Louge et la rivière*
» *de Garonne, ayant vingt-quatre cannes de haulteur.......* »
» Après la tour Prime, « *ensemble une plate-forme du cousté de*
» *Louge, de vingt cannes longueur, six cannes de haulteur et huict*
» *de largeur,* et entre la ville et le chasteau un grand fossé,...... »

---

[1] La canne de Comminges mesure 1 mètre 70 centimètres de longueur.

La démolition des courtines dura 40 jours. Puis il fut procédé au renversement et à l'arrasement des tours :

« *La tour de Louge* (le donjon) *était d'une effroyable haulteur* et » grosseur. » Pour l'abattre on eut recours au feu. Ce fut le 15 janvier 1624 qu'elle tomba « avec ung bruit épouvantable, et en tombant » traversa la rivière de Louge, qu'on y passait dessus à pied sec, et » ne feust alors question que d'emporter et éloigner toutes ces grandes » montaignes de ruines qui couvraient le terrain de l'assiette du dit » château. Par ung 'grand travail et nombre d'hommes, on fit donc » oster tant de matériaux, ce qui donna une grande peyne, parce » qu'il fallut les transporter fort loin à force de bras...... »

Le château démoli, M. de Cassand fit encore abaisser le sol sur lequel il s'élevait, afin qu'au lieu de dominer la ville, il fut au contraire dominé par elle :

« *Lequel terrain il estait de tout nécessaire d'abaysser, pour* » *estre plus hault que la ville d'environ dix cannes, et par consé-* » *quent dominant icelle,* estait capable de se pouvoir fortifier en cas » de trouble et causer un grand mal...... *Toutes les deffenses,* » ravelines, courtines et crevasses *feurent abatteues* entièrement, » si bien qu'ung homme couché ne s'y pouvait cacher ; et en dehors » de la dite ville, *le terrain du dit chasteau si rabaissé,* que non- » seulement *de la muraille de la dite ville en hors on le domine* » *entièrement,* mais encore du terrain hors la ville et au-delà la » rivière de Louge, en telle sorte qu'il ne peult estre placé une barrique » droite derrière laquelle ung homme se puisse cacher, qu'il ne soit » à la veue du mousquet, tant du cousté de dedans que dehors.... »

De l'ensemble de ces précisions nous croyons pouvoir déduire les cinq conséquences suivantes :

1° La surface que le procès-verbal indique comme ayant été couverte par le château correspond, avec quelques adjonctions, à la parcelle cadastrale portée actuellement sous le n° 103 (voyez notre plan II).

2° La plate-forme que ce même procès-verbal signale comme prolongeant le profil de la tour Prime, sur la rive de la Louge en amont de son cours, devait, d'après ces indications, venir se terminer en avant de la chapelle du château, dite Saint-Sernin (voyez notre plan II).

Nous verrons, au cours de notre récit (chap. III), que Montfort, au moment où il allait combattre, monta à cheval devant la porte de cette chapelle, et engagea, de ce point, une espèce de défi à la manière homérique, avec les Vasco-Aragonais qui l'insultaient de l'autre bord de la Louge. P. des Vaux de Cernay précise qu'à ce moment Montfort se trouvait posté : « *in loco eminenti, ita quod videri posset à Tolosanis qui erant foris castrum* » (p. 86 C). Il est donc probable que cette éminence n'était autre que la plate-forme désignée par notre procès-verbal, puisque cette plate-forme avoisinait la chapelle et que la Louge est, sur ce point, assez étroite pour que, de ses deux bords, on puisse se voir et s'entendre distinctement.

3° L'abaissement artificiel du sol du château, que fit opérer M. de

Cassand en le démolissant, explique encore un texte de la *Canso*. Celle-ci paraît admettre que le château de Muret dominait la ville : « *Que al cap del castel se son tuit amagatz* » (v. 2949). Aujourd'hui, au contraire, c'est la ville qui domine l'emplacement du château. Notre procès-verbal explique cette interversion topographique.

4° Selon M. de Cassand, le sol du château s'élevait au-dessus de celui de la ville, d'une hauteur de 10 cannes, et le donjon avait lui-même 24 cannes d'élévation. Le tout devait donc dominer d'une hauteur colossale la plaine où les Vasco-Aragonais étaient rangés en bataille. Si cette plaine était, comme nous le croyons, *le tènement l'Aragon*, qui s'étend juste aux pieds du château, cette élévation du donjon, que M. de Cassand qualifie à bon droit *d'effroyable,* peut expliquer le détail suivant : on verra (chap. IV, § 1) que c'est probablement avant même de descendre du château où il logeait, que Montfort conçut la pensée de prendre immédiatement l'offensive avec les Vasco-Aragonais, pour tirer parti des défauts de leur ordre de bataille. On conçoit en effet que Montfort ait pu discerner très-distinctement cet ordre de bataille, s'il a pu le voir se dérouler à ses pieds du haut d'un observatoire aussi favorablement choisi.

5° L'aspect formidable que devait présenter le château de Muret, vu de la rive gauche de la Louge qu'occupaient les Vasco-Aragonais, nous explique encore que l'auteur de la version en prose de la *Canso* ait pu le qualifier de *fort et défensible, ainsin que on pot veser de présent*, quoique, en réalité, la place fût assez faible du côté qui n'était pas baigné par la Louge. L'auteur, qui paraît avoir peu de notions militaires, ne jugeait de la force de Muret que d'après les apparences extérieures du côté de la rivière.

(Les pièces relatives à l'épisode de la destruction du château de Muret se trouvent :

Pour le procès-verbal de démolition du château et les détails y relatifs, aux archives municipales du Capitole (*Recueil des délibérations des capitouls*, t. XVIII, années depuis le 12 décembre 1621 jusqu'au 12 décembre 1624, f°s 315 à 319 et suivants).

Pour les conflits, négociations et transactions qui entraînèrent la démolition, aux archives du Capitole (*Recueil d'actes politiques et administratifs,* de l'année 1554 à l'année 1644, pages 424 à 429).

Pour les arrêts du Parlement qui vidèrent le conflit, aux archives du palais de justice).

PIÈCE B

CHARTE DE FONDATION A MURET D'UN PONT SUR LA GARONNE,
DU 2 JUIN 1203

(Nous ne citons de cette charte que la partie utile à l'intelligence
de la bataille de Muret).

« Ego, Bernardus, divina miseratione comes convenarum, videns et
» voce plurium audiens fluminis periculo homines perire et ad exitum
» hujus vitæ pervenire non modicum esse peccatum, divina compunc-
» tus gratia, bono animo devota voluntate, timore et amore Dei et in
» remissionem peccatorum meorum, volo et concedo super Garumnam
» flumen pontem fieri, *habentem introïtum et exitum in villa et*
» *meliori allodio de Sancto Marcillo*, per quem pontem liber aditus
» atque securus sit, non secus pauperum et peregrinantium et univer-
» sorum hominum et feminarum, animalium ac rerum conjuscumque
» modi sint...... »

(Voyez archives de la mairie de Muret, dossier n° 124, sous le titre :
*Libertés et privilèges des consuls et communauté de la ville de Muret
en Comminges, accordés par les anciens comtes de Comminges,
leurs seigneurs et souverains.* — Ce document n'est qu'une copie.)

En 1655, ce pont existait encore. Son tablier n'étant plus praticable,
M. Pierre de Fabas, premier consul et député de Muret aux Etats de
Comminges réunis à Samatan, obtint, pour le faire réparer, l'établissement d'un droit de pontonnage jusqu'à concurrence de 20,000 livres,
par délibération des Etats du 27 octobre 1655.

L'inondation de 1727 emporta cette œuvre d'art, dont il existe une
description très-élogieuse dans une lettre du 22 août 1667 écrite par
M. de Froidour, commissaire député pour la réformation des eaux et
forêts (correspondance manuscrite de M. de Froidour, archives du
capitole de Toulouse, VI° recueil).

Actuellement, les deux culées du pont de 1203 subsistent encore,
ainsi que les fondations de deux de ses piles. La culée de la rive gauche, qui aborde Muret à la hauteur du Mercadar, est en outre reproduite sur le plan d'alignement de Muret du 18 novembre 1811 (archives
de la mairie de Muret). La culée de la rive droite joint ce même
terroir de Saint-Marcel, que l'acte de 1203 désigne comme devant être
la tête de pont opposée à la ville, et qui n'est autre que le faubourg de
Garonne actuel. Avant 1829 (époque où a été créé le pont suspendu qui
vient d'être emporté par l'inondation de 1876), l'unique rue formée par la
double haie d'habitations de St-Marcel constituait encore l'amorce de
la route de Fanjaux à Muret et aboutissait exactement à l'axe du pont
de 1203, tracé que suivit Simon de Montfort, en 1213, pour se rendre de
Fanjaux à Muret. (Voyez délibération du conseil municipal de Muret,
du 3 mai 1828, archives de la mairie de Muret, volume de 1820 à 1830).

Sur l'historique du pont de Muret, voyez, aux archives de la mairie
de Muret, une bonne monographie de M. Fons, ancien juge au tribunal de cette ville.

PIÈCE C

Nous avons pu retrouver une série d'actes suivant sans interruption, depuis le XIIme siècle jusqu'à nos jours, le prieuré de Saint-Germier, sur le sol occupé aujourd'hui par le tribunal et la sous-préfecture. En voici l'énumération :

En janvier 1165, le sol est donné au prieur de Saint-Germier par le comte Bernard de Comminges (cartulaire de l'abbaye de Lezat, mss. de la Bibliothèque nationale, fonds latin, n° 9189, folio 280, verso, colonne 2).

En 1248, le titre original de la donation est reproduit dans le même cartulaire (eod. loco).

En 1407, un procès-verbal de visite de l'abbaye de Saint-Germier par l'abbé de Lezat désigne au même endroit le même prieuré, dans les termes suivants : « Quamdam domum, cum suis edificiis, in villà » Murelli, cum orto et plateà ante domum, ubi prior cum monachis et » vicario perpetuo dictæ ecclesiæ commorantur. »

Le 10 septembre 1510, le dénombrement du prieur Pol Pouchet mentionne le même édifice en ces termes : « Et premierament una maison en lo loc de Muret, que es la maison deudit priurat et es en la carrera de Loga, que se confronta d'una part en la carrera publica. » (Archives de la préfecture de la Haute-Garonne, titres de Saint-Etienne, cahier 8, pag. 2 et suiv.).

En 1557, même mention dans le livre terrier de cette date (Archives de Muret, livre terrier de 1557, tènement : *le priour de Saint-Germié*, pag. 148).

Le 9 février 1592, l'abbaye de Saint-Germier est unie par une bulle pontificale au chapitre de Saint-Etienne.

En 1669, le deuxième livre terrier, en mentionnant le prieuré de Saint-Germier, signale au même endroit ce changement de propriétaire : « Tient le chapitre de Saint-Etienne de Toulouse une maison à » rue Sabatère, ayant sortie à rue de Louge, patus, granges, tinerie » et jardins, confrontant du levant M. de Tilha, midi la dite rue, sep-» tentrion la rue de la Louge, etc...» (Archives de Muret, livre terrier de 1669, vol. II, pag. 452.)

En marge de cette inscription cadastrale, et sous la date du 11 décembre 1675, on trouve une mention de M. Jean Delpech, commissaire du roi pour être assesseur en l'élection de Comminges, député par arrêt de la cour des aides de Montauban, pour vider le différend entre le chapitre de Saint-Etienne et les consuls de Muret, lequel Delpech donne gain de cause au chapitre de Saint-Etienne et constate que la dite maison doit être déclarée bien noble, quitte de tout impôt tant ordinaire qu'extraordinaire, *comme étant la maison prieurale de Saint-Germié.*

Voyez enfin, aux archives de la préfecture de Toulouse, les plans et devis d'aménagement de ladite maison prieurale pour y installer le tribunal et la sous-préfecture.

Ces deux édifices réunis portent encore aujourd'hui, dans le langage populaire, la dénomination générale de *prieuré (le priurat).*

PIÈCE D

EFFECTIF DES TROIS EXPÉDITIONS DE LAS NAVAS DE TOLOSA, DE MAJORQUE ET DE VALENCE

Pour mettre nos lecteurs en mesure de contrôler nos évaluations sur ces trois expéditions, nous donnons ici un extrait des principaux textes où nous avons puisé nos renseignements, en faisant suivre cette citation d'un tableau exposant notre propre calcul. Mais on voudra bien se souvenir qu'en faisant ce décompte, notre but n'est pas d'arriver à connaître le chiffre exact de ces trois effectifs, mais seulement de démontrer qu'il a été constamment égal ou supérieur aux *mille chevaliers* de Muret.

EXPÉDITION DE LAS NAVAS DE TOLOSA (en 1212)

I. BEUTER (*Cronica* de España), libro segondo, cap. xx, pag. 106).

« El noble Rey don Pedro de Aragon, como a bueno y leal amigo
» del rey de Castilla, fue el primero que a Toledo llegó....
» Fueron de los ecclesiasticos el arçobispo de Tarragona, etc....
» con *quaranta cavalleros y mil hombres de pie* a sus costas y....
» el *arçobispo de Narbona*, con el obispo de Agda, y otros ecclesias-
» ticos *de lengua doch*.
» De los seculares fueron *el conde de Foix*, *hermano de armas*
» *del Rey de Aragon*..... y otros nobles *cavalleros Foxanos*, hasta
» en numero de *quinientos de cavallo*.
» De Cataluña fueron don Ferrando, hermano del Rey.... este
» trahia las gentes del condado de Rossellon per su tio el conde
» don Sancho que estava enfermo, o Don Nuño Sanchez. Yvan con
» el.... y muchos otros deste condado.
» El conde de Ampurias Moncada fue con muchos cavalleros......
» y otros.
» El conde de Urgel don Armengol.... y muchos otros.
» El conde de Palars.... y otros muchos.
» *Todos estos yvan ordonados en sus companias y tomavan ra-*
» *ciones para sus gentes del Rey*.
» A sus costas yvan los siguientes cavalleros, *que davan racion*
» *a los que trahian en su compania*....
» Y muchos otros de quien escrive la Cronica de Cataluña que
» hazian numero de *dos-mil y quinientos de cavallo, y diez mil*
» *hombres de pie*.
» *De los Aragonses fueron pocos cavalleros con el Rey, porque*
» *no estavan bien satisfechos del, pretendiendo que les quebrava*
» *sus privilegios*, pero con todo non dexaron de yr los principales y
» fueron : *Don Lopes de Luna, don Blasco de Alagon, D. Miquel*
» *de Luzia, D. Ferrando de Luna, D. Eximen Deslor, D. Aznar*

» *Pardo, D. Eximen Cornel, D. Garcia Romeu, D. Pedro Pardo,*
» y otros cavalleros que con los que trahian en su compania hazien
» *quinientos de cavallo.*
» *De las ciudades reales de Aragon se juntaron diez mil hom-*
» *bres a pie.*
« QUE ENTRE TODO EL EXERCITO DEL REY FUERON TRES-MIL Y QUI-
» NIENTOS DE CAVALLO, Y VEINTE MIL HOMBRES A PIE. »

(Beuter joint à ces indications une longue liste de noms propres
des seigneurs qui suivaient chacun de ces chefs. Nous la suppri-
mons, soit parce qu'elle importe peu à notre sujet, soit parce qu'elle
nous paraît critiquable dans bien des détails; mais sur les chiffres
d'ensemble des effectifs de l'expédition de las Navas, Beuter ne
paraît pas suspect d'exagération).

II. LIBRE DELS FEYTS D'ARMES DE CATALUNHA (ch. XXII, pag. 308.)

« El rey en pere Darago, ab molts barons.... que tots aplegats
» los Darago e Catalunya.... sen varen trobar en nombre de XXV
» *milia en tro* ab tots los quals fac la sua via deves de Castella
» à Toledo. »

Cette même chronique, donnant les noms des principaux Catalans
et Aragonais qui suivirent Pierre II à la bataille de Muret, ajoute
(page 313) : « E molts altres baros e nobles e cavallers de Catalunya
» *qui tambe lavien accompanyat à la batalla Dubeda.* »

Ainsi ce chroniqueur ne se contente pas de confirmer les chiffres
de Beuter pour la bataille de las Navas; il constate en outre que,
dans l'opinion de son temps, les expéditions de las Navas et de Muret
eurent à peu près les mêmes effectifs.

En résumé, les Catalans et les Aragonais paraissent avoir conduit
à las Navas 3,000 cavaliers, puisqu'il faut retrancher les 500 hommes
du comte de Foix, qui n'étaient pas espagnols. Cette expédition ayant
été faite par Pierre II à titre de simple auxiliaire, nous présumons
que chaque chevalier ne dut y amener qu'une suite peu considérable ;
car, lorsqu'une armée avait à se transporter à une grande distance
hors des terres de son propre royaume, l'entretien des hommes d'armes devenait fort dispendieux. Dans ces conditions, il nous paraît
admissible que les chevaliers qui allèrent à las Navas n'y aient
amené que le nombre d'hommes strictement nécessaire (un écuyer et
un homme d'armes) et que par conséquent ils aient formé à eux
seuls le tiers de l'effectif à cheval : soit environ 1,000 chevaliers
pour 3,000 cavaliers.

EXPÉDITION DE MAJORQUE (en 1229)

Sur cette expédition, beaucoup mieux connue que la précédente, nous donnons six documents, trois officiels et trois officieux. En 1228, le roi d'Aragon proposa la conquête de Majorque aux corts de Catalogne, dont les principaux seigneurs firent immédiatement des offres de service, qui furent ensuite considérablement augmentées par des adjonctions successives. Un premier acte officiel du 23 décembre 1228, un second du 18 septembre 1229, donnent les noms des principaux vassaux qui viennent s'inscrire successivement, et dont quelques-uns indiquent le nombre de chevaliers qu'ils s'engagent à fournir. Un troisième acte, rédigé après la prise de la capitale de l'île, arrête la liste des survivants présents et appelés au partage des terres conquises. Enfin les chroniques du roi Jacques d'Aragon, de Bernard Desclot et du *Libre dels feyts darmes de Catalunha* font connaître les noms d'un grand nombre de seigneurs qui rejoignirent l'armée, soit après la rédaction des actes de 1228 et 1229, soit après la prise de Majorque.

Ces six documents sont loin de nous donner la liste complète des chevaliers présents à l'expédition de Majorque, puisque, dans bien des cas, ils nomment chaque grand vassal sans indiquer le nombre des chevaliers que celui-ci amène avec lui. Et cependant on verra que les seuls effectifs énoncés dépassent de beaucoup le chiffre de *mille chevaliers*.

Nous donnons d'abord séparément les extraits de nos six documents, puis un tableau d'ensemble complétant, les uns par les autres, les effectifs énoncés dans chacun des six. La plupart du temps, leurs chiffres sont identiques, mais quand il y a désaccord nous adoptons le plus faible. Lorsque le désaccord est entre un acte officiel et une chronique, nous optons en faveur de l'acte officiel.

I. Acte du 23 décembre 1228

(Barcelone, archives de la couronne d'Aragon. Parchemin n° 365)

« In Christi nomine.... manifestum sit omnibus quod nos Jacobus » Dei gratiâ, Rex Aragonum.... promittimus vobis.... et omnibus » aliis qui nunc praesentes estis... Nos Jacobus... juramus... duc- » turos nobiscum *ducentos milites*.

» Signum Berengarii... Barchinonæ episcopi, promitto in mani- » bus Domini Sparagi Terrachonensis me ducturum C *milites* et » quos potero servientes.

» Signum Nunonis Sancii, juro.... ducturum C *milites* et ser- » vientes.

» Signum Hugonis, comitis Empuriarum..... ducturum LXX » *milites* et servientes.

» Signum Guillelmi de Montecatano, de Santo Martino, G. de

» Cervilione, juramus nos ituros et ducturos C *milites* et servientes
» Signum Berengarii de Santa Eugenia, Gilabertoni de Croyles...
» ducturos XXX *milites* et servientes.
» Signum Hugonis de Mataplana, Gaucerandi de Pinos, ducturos
» L *milites* et servientes.
» Signum Raymundi Alaman, Guillelmi de Claromonte.... duc-
» turos XXX *milites* et servientes.»

II. Acte du 18 septembre 1229

(Parchemin n° 384)

« In Christi nomine.... nos Jacobus rex.... juramus..... ductu-
» ros nobiscum *ducentos milites*.
» S. Berengarii Barchinonensis episcopi.... *centum milites* et
» quos potero servientes.
» S. G. Gerondensis episcopi.... *milites* quos potero et servien-
» tes.
» S. Fratris de Compaines, tenentis locum magistri.... cum *mili-*
» *tibus* quos potero.
» S. Nunonis Sencii.... *centum milites*.
» S. Ugonis comitis Empuriarum.... *septuaginta milites* et ser-
» vientes quos potero.
» S. G. de Montecatano V^{is} Bearnensis.... *centum milites* et
» servientes quos potero.
» S. R. de Montecatano.... *quinquagenta milites*.
» S. R. Berengarii de Ager.... juro me iturum.
» S. B. de Sancta Eugenia et Guilaberti de Cruilis..... *triginta*
» *milites*.
» S. R. de Alaman et Guillelmi de Claramonte.... XXX *milites*.
» S. Geraldi de Servilione....
» S. Ferrarii de Santo Martino....

III. Memoriale de omnibus christianorum cavalleriis qui fuerunt in captione civitatis Maïoricæ

(Archives d'Aragon, registre n° 26).

« In primis Dominus rex cum preposito Tarrachone.... Domus
» templi.... Guillamon de Moncada... R. Alaman et G. de Clar-
» mont... Dominus Nuno.... Episcopus Barchinone... R. Br. de
» Ager... Guilabertus de Crosillias cum Bn de Loret... Naves Ja-
» nuensium... Comes Empurarium... Gastonetus de Moncada... G.de
» Sancto Vincentio... Episcopus Gerundensis.... Prepositus de
» Sexona... Homines de Narbona... B. de Sancta Eugenia... Sa-
» crista Gerundensis..... Archidiaconus Barchinone... Petrus de
» Pinel.... Domus Hospitalis... En Arnalt de Belvezin.... Abbas
» Sancti Felicis.... Sacrista Urgellensis.... R. de Bernet... Jacme
» de Cerveyra.....

IV. Chronique de Jacques d'Aragon

(Alinéas 47 à 56, pages 77 à 90).

PREMIER ENRÔLEMENT AVANT LE DÉPART DE LA FLOTTE POUR MAJORQUE.

« Foren ab nos la mayor partida dels nobles de Catalunha, e per
» nom don Nuño Sanchec... e en G. de Muntcada, el comte Dam-
» purias, en R. de Muntcada, e en Guerau de Cerveylo, e en R. Ala-
» many, e en G. de Clarmunt, e en Bn de Sancta Eugenia, senyor de
» Torroela (al. 47).
  » G. de Muntcada dix.... profir vos que *yo e mon linyatge* vos
» hi irem servir ab CCCC *cavallers armats*....
  » Don Nuño Sanxes... dix.... anare ab vos ab C *cavallers ar-*
» *mats* (al. 51).
  » Lo comte Dampuries dix..... hire ab LX *cavalers ab cavals*
» *armats*.... G. de Muntcada es lo meylor hom de nostre linyatge...
» *E en aquel rompte dels* CCCC *cavalers met aquels* LX *meus.....*
» totz iran *ab cavals armats* (al. 51).
  » Larquibisbe de Taragona... els homens meus vos do... (al. 52),
  » Lo Bisbe de Barcelona Bng. de Palou...... yo profir vos per mi
» e per la Esglesia de Barcelona C *cavallers o pus* (al. 53).
  » Lo Bisbe de Gerona.... ire ab vos ab XXX *cavallers* (al. 53).
  » Labat de sent Feliu de Guixols dix que irie ab nos ab V *caval-*
» *lers be appareylats* (al. 54).
  » Lo prevost de Terragona...... Seguir vos he ab mi *quatre*
» *cavallers* e ab *una Galea* armada (al. 54).
  » En P. Grony dix : a Deu grahim, tota la ciutat de Barcelona....
» proferim vos.... *los Corsos, les Naus, els lenys* (al. 54).
  » E Terragona e Tortosa accordaren se a la paraula quels proho-
» mens de Barcelona dixeren (al. 54).
  » Nos moguen en la derreria del estol en la Galea de Montpesler
» e faem recuylir be M *homens* en barques que volien anar ab nos
» que negu noy passava (al. 56).

EMBARQUEMENTS SUCCESSIFS APRÈS LA PRISE DE MAJORQUE

(Alinéas 92 à 114)

  « Vench lo maestre del Espital per nom Nuc Fuylalquier e ven-
» gueren ab el de sos frares tro à XV *cavallers* (al. 95).
  » E don Pero Corneyl feu parlar que.... venria a nos ab C L
» *cavalers* (al. 92). E don P. Corneyl *qui era ja vengut* (94).
  » E vench missatge Darago que don Atho de Foces e don Rodrigo
» Liçana venien a nos.... E don Rodrigo Liçana.... vench ab
» XXX *cavallers ben apparaylats*.... E la cocha en que venia don
» Atho de Foces e don Blasco Maçu..... hague a tornar per força
» de temps a Terragona (al. 104).
  » E fom.... a Terragona.... a compliment de CCC *cavalers*, e

» vengren ni CCL e L quen trobam en la terra, fom CCC *cavallers*
» quan fom de la (al. 109).

» E quan.... tornam nosen e lexam hi en Bn de Santa Eugenia e
» don P. Maça.... e companyes de *cavallers* e descuders que
» volgren remanir ab don Maça *be de* XII *tro a* XV (al. 114).

V. Chronique de Bernard Desclot

(Ch. xv à xvii. Buchon, *Panthéon littéraire*, 1er vol., pag. 584.)

« Larchibisbe de Terragona : E yo don vos... *docents cavallers*
» e bons mil servents.....

» Lo Bisbe de Barcelona..... ire ab *cent menys un cavaller*, e ab
» mil servents....

» Lartiacha de Barcelona..... us seguire ab *deu cavallers* et ab
» docents servents, sens scuders et altra companya....

» Lo Sagrista..... ab *quinze cavallers*.... e molts servens..... e
» altra companya *per servir cavallers*.

» Lo Sagrista de Gerona..... *deu cavallers*.... e molts servens....
» e scuders e altra companya bona *per servir mi e mos cavallers*.

» Canonges e clergues..... menarien *cavallers* e servents.

» Los templers.... *trenta cavallers*.... e de bons servents.

» En Nuño...... *docents cavallers*..... e *donzels* e fills de caval-
» lers qui seran *cent e un cavallers* e molts servents.

» Cte Dampurias.... ab *huytanta cavallers* e ab vint ballesters a
» cavall e ab mil servents.

» G. Moncada.... *cent cavallers*.... e de ballesters e de servents.

» R. Moncada.... *vint e cinq cavallers*.... e bos servents.

» R. Berenguer.. . *vint e cinq cavallers*.... e servents e bal-
» lesters e llancers.

» B. de Sta-Eugenia.... *vint cavallers* e servents de muntanya e
» mariners e altra companya. »

VI. Libre dels feyts darmes de Catalunya

(Chap. xxiii, pag. 320-327).

« Nasparrech Archabisbe de Terragona.... ab *cent cavallers*
» be armats e arreats.

» Berenguer de Palou, bisbe de Barcelona......

» Guillem de Cabanelles, bisbe de Gerona... ab *trenta cavallers*.

» El prebost de la Sgleya de Terragona.... ab *cents homs de*
» *cavall*.... be bastits e armats.

» El prior de la matexa Sgleya... Montoliu.... ab *quinze homs*
» armats.

» El Sagrista de Gerona... Guillem de Muntgri.... *deu caval-*
» *lers*... tots be armats....

» Labat de Sanct Feliu de Gerona, e labat de Ripoll, el cabisco
» de Barcelona, e labat de Sanct Pau de Barcelona.... e moltes
» altres ecclesiastiques persones.... Gent armada de peu et de cavall.

» En Nuño Sanxo.... *doscent cavallers e tresent fills de cavallers.*
» Lo Comte Dempuries.... ab *huytanta cavallers....*
» En Guillem de Muntcada, viscomte de Bearn.... ab *quatre*
» *cents cavallers* e ab molta altra gent darmes.
» En Ramon de Muntcada.... *vint e sinch cavallers.*
» En Berenguer de Sancta Eugenia de Torroella de Muntgri, *vint*
» *cavallers* e cent e sinquanta peons de les montanyes.
» En Ramon Berenguer Dager.... ab *rint e sinch cavallers.*
» En Jofre de Rocaberti.... *vint cavallers.*
» Lo *Mateix promet faer lo vescomte de Cabrera e molts altres*
» *nobles e barons et cavallers de Catalunya... e mils encara com*
» *sen veie per la obra.*
» Car *solament de Catalunya varen anar ab lo rey mes de nou*
» *milia, entre de peu e de cavall, sensels nobles, e barons e cavallers*
» *e homs de paratge e fills de cavallers qui s'appellan donzels perço*
» *quom non son armats, tots los quals varen esser molts.*

(Ce chiffre ne concerne que le premier embarquement, auquel il faut ajouter les expéditions successives que nous avons vu mentionner par don Jacques, dans sa chronique).

C'est sur ces six documents que nous avons composé le tableau suivant de l'ensemble des forces que la Catalogne envoya à Majorque. Son intelligence exige deux renseignements préalables :

1. Dans l'interprétation des textes catalans, nous avons traduit le mot *Cavallers* par *Chevaliers* (et non par *Cavaliers*).

En voici les raisons :

1° Les mêmes effectifs que ces chroniques catalanes donnent sous le nom de *Cavallers* sont reproduits dans les textes latins de 1228 et 1229 sous le nom de *Milites.*

2° Si l'on étendait le sens du mot *Cavallers*, non-seulement aux chevaliers, mais aussi aux simples hommes d'armes à cheval, le nombre des chevaliers que contiendrait cette cavalerie ne pourrait être tout au plus que du tiers de l'effectif total. Or, les seuls effectifs des actes de 1228 et 1229, quoique fort incomplets, donnent déjà beaucoup plus que ce tiers en *milites.*

3° Enfin les textes catalans ayant un caractère militaire technique, emploient constamment le mot de *cavallers* comme l'équivalent du mot *milites.* Ainsi nous venons de citer un texte de Bernard Desclot conçu en ces termes : « Lo Sagrista de Gerona... deu *Cavallers...*
» *e scuders... per servir mi e mos cavallers.*» Nul n'admettra que des écuyers pussent être les serviteurs de simples hommes d'armes.

A cette citation nous ne voulons ajouter que la définition que le roi Pierre le Cérémonieux donne lui-même du mot *Cavaller* :
« *Cavalleria fu appellada antigament la companya dels nobles...*
» *e per aco lus meseren nom militia en lati.... Axi fo pres lo nom*
» *de cavaller de cavalleria.*» (Ordonnance de Pierre le Cérémonieux,

reg. n° 1529, pars 1°, fol. 16. — Collection des documents inédits des archives d'Aragon ; P. Bofarull, t. VI, pag. 33).

11. Pour faire connaître auquel des six textes ci-dessus nous empruntons chaque effectif, nous faisons suivre ces effectifs d'un signe indiquant leurs sources. C'est un J pour la chronique de Jacques d'Aragon, un D pour celle de B. Desclot, une L pour le Libre dels feyts de Catalunya, une M pour le *Memoriale* des seigneurs présents à la prise de Majorque, et pour les deux actes latins de 1228 et 1229, leurs dates respectives.

TABLEAU DES EFFECTIFS DE LA PREMIÈRE EXPÉDITION
DE MAJORQUE

ECCLÉSIASTIQUES — CHEVALIERS

		CHEVALIERS
L'archevêque de Tarragone.....	(J) (D : 200) (L : 100)...................	100
Le prévôt de l'égl. de Tarragone..	(M) (J : 4)	4
L'évêque de Barcelone..........	(M) (1228 : 100) (1229 : 100) (J : 100) (D : 99).	100
L'archidiacre de Barcelone......	(M) (D : 10)...............................	10
Le sacriste de Barcelone........	(D : 15)....................................	15
L'évêque de Girone.............	(1229) (M) (J : 30) (L : 30)...............	30
Le sacriste de Girone.....	(M) (D : 10) (L : 10)......................	10
L'abbé de St-Félix de Guixols....	(M) (J : 5)................................	5
L'abbé de St-Félix de Girone	(L)..	»
L'abbé de Ripoll...............	(L)..	»
L'abbé de St-Paul de Barcelone..	(L)..	»
Le cabiscol de Barcelone........	(L)..	»
Le sacriste d'Urgel.............	(M)..	»
Le prévôt de Sexona............	(M)..	»

LAÏQUES

Le Roi.........................	(1228 : 200) (1229 : 200) (M) (J).............	200
Les templiers..................	(1229) (M) (D : 30)........................	30
Nuno Sanchez..................	(1228 : 100) (1229 : 100) (M) (J : 100) (D : 200 et 101 donz.) (L : 200 et 300 donz.)........	100
Guilhem de Moncada...........	{ (Pour toute la lignée : J et L : 400) (1228 : 100) (1229 : 100) (M) (J : 100) (D 100)	
H. d'Empurias.................	(1228 : 70) (1229 : 70) (M) (J : 60) (D : 80) (L : 80	} 400
G. de Cervello................	(1228 : 100) (1229 (J)).....................	
F. de St-Martin...............	(1228 : 100) (1229)........................	
Raymond de Moncade	(1229 : 50) (M) (J) (D : 25) (L : 25)..........	50
H. de Mataplana..............	{ (1228 : 50 (chacun ou en un seul conting.).	50
G. de Pinos....................		
B. de Sainte-Eugénie..........	(J) (D : 20) (L : 20) (1228 : 30) (1229 : 30)....	
G. de Croyles.................	(1228 : 30) (1229 : 30).....................	} 30
	(30 chacun ou en un seul conting.)........	
R. Alaman....................	} (J) (1228 : 30) (1229 : 30) (M) (chacun ou réunis)..	30
G. de Claremont..............		
R. Berenger de Ager...........	(1229) (M) (D : 25) (L : 25)................	25
J. Rocaberti................ ...	(L : 20)...................................	20
G. de Cabrera	(L : 20)...........	20

A reporter........................ 1229

CHEVALIERS

Report..................... 1229

Bn. de Loret................. (M)...................................... »
G. de St-Vincent............. (M)...................................... »
R. de Bernet................. (M)..................................... »
G. de Cerveyra.............. (M)..................................... »
A. de Belvezin............... (M)...................................... »
P. de Pinel.................. (M)...................................... »

TOTAL POUR LE PREMIER EMBARQUEMENT : 1229 chevaliers, ci............. 1229
(Plus, de 101 à 300 donzels et douze contingents d'un effectif inconnu.)

EFFECTIFS DES SIX AUTRES EMBARQUEMENTS POUR MAJORQUE

Le Roi........................ (J : 300).............................. 300
Pero Cornell.................. (J : 150)................................. 150
R. Liçana .... (J : 30)................................... 30
P. Maça....................... (J : 12)................................... 12
A. de Foces................... (J).. »
Les Hospitaliers.............. (J : 15) (M)............................. 15

TOTAL POUR LES SIX EMBARQUEMENTS ULTÉRIEURS : 507 chevaliers. ci...... 507
(Plus le corps de Atho de Foces : effectif inconnu).
TOTAL DU PREMIER EMBARQUEMENT................................. 1229

TOTAL POUR LES SEPT EMBARQUEMENTS................................. 1736

TOTAL GÉNÉRAL pour l'expédition de Majorque : 1736 chevaliers, de 101 à 300 donzels, plus treize contingents d'un effectif inconnu. On peut donc, sans exagération, évaluer le chiffre total de l'expédition de Majorque entre 1.800 et 2,000 chevaliers.

EXPÉDITION DE VALENCE (en 1238)

CHRONIQUE DE JACQUES D'ARAGON
(Al. 265, pag. 305).

« La host era tan gran que a la derreria quey havia be M cavallers e be LX milia homens de peu. »

RÉSUMÉ

En résumé, depuis 1212 jusqu'en 1238, la Catalogne, presque avec ses seules forces, put envoyer à las Navas de Tolosa et à Valence mille chevaliers, à Majorque plus de 1,800 chevaliers, et probablement deux mille en moyenne.

Ce résultat nous paraît justifier la conclusion suivante :

L'expédition de Majorque répondait si bien à toutes les aspirations religieuses, militaires et commerciales de la

10

Catalogne qu'elle dut être l'objet d'un effort exceptionnel. Les deux mille chevaliers qu'elle put y envoyer durent donc représenter le maximum de ses forces militaires en 1229.

Les expéditions de las Navas, Muret et Valence, quoique fort importantes, paraissent avoir moins passionné l'esprit public que celle de Majorque. Elles ont d'ailleurs entre elles assez d'analogie : ce furent des *host*, non des *chevauchées*, mais assez lointaines et qui n'exigeaient pas un effort suprême. Or, toutes les trois, dans un court intervalle de 26 ans, donnèrent exactement le même chiffre de *mille chevaliers*.

La persistance de ce dernier chiffre nous porte à penser qu'au commencement du XIIIme siècle, mille chevaliers constituaient la moyenne de ce que pouvait armer la Catalogne, au premier appel et sans grand effort. C'était en quelque sorte ce que nous appellerions aujourd'hui *l'armée active, sans appel de la réserve.* Pierre II a donc pu promettre à Raymond VI *ses mille chevaliers*, comme aujourd'hui, dans une coalition militaire, la France pourrait promettre *ses 400,000 hommes.* Quant à l'effectif de 2,000 chevaliers, il constituerait au contraire le maximum des ressources de la Catalogne au commencement du XIIIe siècle.

PIÈCE E

PIÈCE E

SUR LES RELATIONS DIPLOMATIQUES DE PIERRE II AVEC SIMON
DE MONTFORT ET RAYMOND VI

On nous permettra d'abord de rappeler sur ces faits le récit de
Çurita. Les indications de cet auteur ont la plus grande importance,
soit à raison de son exactitude bien connue, soit parce qu'il invoque,
parmi les sources où il puise ses renseignements, des textes perdus
aujourd'hui.

« Mas, en la historia del rey don Jayme, se cuenta muy differente-
» mente.... Alli se escrive que, teniendo el conde Simon de Monforte
» a Carcasona, y Beses, y lo que avia ganado en el condado de Tolosa,
» trato de confederarse con el rey don Pedro, y pidiole que le entre-
» gasse al infante don Jayme, su hijo, que era muy niño, offreciendo
» que le pornia en mejor custodia, que otri, y ternia cuidado del :
» Y, segun se contiene en una historia antigua de Cataluña, cuyo
» autor no se nombra, y fue d'aquel tiempo del rey don Jayme, se
» avia confederado de tal manera, que quando se entrego el infante al
» conde de Monforte, fue para que le tuviese en su poder, y casasse
» con una hija sua, y le diesse con ella todo el estado que avia con-
» quistado en esta guerra. Estando el infante en su poder, los natu-
» rales de aquellos condados tuvieron recurso al rey de Aragon,
» para persuadirle que se hisiesse señor de aquella tierra, pues
» estava en su mano, si los quisiesse tomar à su poder debaxo de su
» señoria : y como el rey era muy piadoso, offrecioles que los recibiria
» debaxo de su amparo. Ellos, con engañosas razones, lo que por
» una parte offrecian de palabra, lo desciavan per la obra : y no le
» entregavan los castillos, que se le avian de rendir, con escusarse,
» que de sus personas, y dellos podria siempre hazer a su voluntad,
» y no guardavan lo que prometian : y como sabian, que el rey era
» demasiadamente dado a mugeres, y hijas, las mas hermosas que
» hacia, y por aquel camino, segun el rey su hijo dezia que lo entendio
» de don Guilhem de Cervera, y de don Arnao de Castelbo, y de don
» Dalmao de Crexel, le apartavan de su buen proposito, y fazian le
» mudar a lo que ellos querian.» (Çurita : Anales de la corona de
Aragon, t. I, livre 2, p. 100. Çaragoça, 1610-1621).

Voici maintenant le texte complet du passage de la chronique de
don Jayme qu'invoque Çurita dans son premier alinéa :

« E passat lo temps del nostre naximent, en Simon de Montfort,
» qui tenia la terra de Carcasses, e de Badarres, e en Tolça, ço quel
» avia goanyat lo rey de França, volch aver amor ab nostre pare : e
» demanali quens livras a ell, car ell nos nodriria. E ell fias tant a el
» e en la sua amor, que livra ad ell nos per nodrir. E nos estan en

» son poder, *les gens daqueles terres*, que dessus havem dites,
» *vengren a nostre pare, e dixerenli que el podia esser senyor*
» *daqueles terres, si el les volia penre ni emparar*. E el rey en Pere
» nostre pare era franch, e piados, e ab la pietat que a el pres dels,
» dix que sen empararia : *e enganavento ab beles paraules*. E
» *duna part lio daven de paraula, e daltra part lio tolien per*
» *obra :* car nos hoim dir an G. de Cervera, e an A. de Castelbo, e
» an Dalmau de Crexel, et altres qui eren ab el que li deyen :
» Senyer, veus nostres castels e nostres viles, emparats vosen, e
» *metets hi vostres Batles*. E can el ho volia emparar, deyenli : Se-
» nyer con gitarets nostres muylers de nostres maysons, mas
» nos e elles ne serem vostres, en farem vostra volentat. E per
» aquesta manera no li atenien re que li promesessen. *E mostraven*
» *li lurs muylers, e lurs fylles, e lurs parentes les pus beles que*
» *podien trobar. E quant sabien que el era hom de femprees,*
» *tolien li son bo proposit e feyen lo mudar en ço que els volien.*
» E can les noces serien longues de comtar a les coses cares quey
» *foren, no volem pus parlar*. »

(V. *Chronique de Jacques d'Aragon*, al[a] 8, p. 15).

Enfin voici la confirmation du fait principal, dans la chronique de Baudouin d'Avesnes :

« Après ressut li rois loumaige le conte Simon de Karkassonne
» qui de lui mouvait. Quant ces choses furent faites ils allèrent tuit
» ensemble à Monpellier. Là fut parlé de mariaige de le jusne fil le roy
» d'Arragon et de la fille le conte Symon. Li mariaige fut asseurés
» d'une part et d'autre par sacremens et bailla li rois son fil au comte
» Symon a garder. Ne demoura guères après que li rois donna sa fille
» au comte de Toulouse dont il fut mout blasmé, car li quens estait
» contre l'esglyse de Rome. »

(V. *Chronique de Baudouin d'Avesnes* : Bibliothèque nationale, m[s] 1546, f° 307, verso, col. 2).

Cet ensemble de documents, complété par les faits de notre histoire générale, nous porterait à expliquer de la manière suivante la situation diplomatique du roi d'Aragon en 1213 :

Depuis le commencement de la guerre, l'alliance de Pierre II était simultanément recherchée et par Montfort, qui voulait isoler ses adversaires, et par les Albigeois vaincus, qui n'avaient d'espoir que dans le souverain espagnol. Cette rivalité de sympathies dut suggérer à Pierre II la pensée d'étendre sa domination sur les pays de langue d'oc. Pour y parvenir, il se prononça d'abord en faveur de l'alliance française, vers laquelle le poussaient ses convictions catholiques et ses récents démêlés avec le comte de Toulouse. C'est alors qu'il fiança son fils avec une fille de Montfort, laquelle devait apporter en dot les conquêtes de son père dans le Midi. Le chef des Croisés reçut même en garde la personne de l'Infant.

Mais, pour réaliser ces projets, il fallait attendre la majorité d'un enfant de cinq ans, ou le décès de Montfort. Pour le moment, on n'offrait au roi d'Aragon qu'un platonique hommage féodal. Les seigneurs gascons, au contraire, pour l'attirer à leur cause, durent lui offrir un droit immédiat au domaine direct de leurs terres, puisque Pierre II se crut autorisé par eux *à y installer immédiatement ses bayles.* Enfin la noblesse indigène entoura le roi de séductions auxquelles il n'était que trop accessible. Ce fut probablement sous l'empire de ces deux mobiles, autant que par pitié pour Raymond VI, que Pierre II rompit avec Montfort.

Une fois son alliance scellée avec le comte de Toulouse, les nouveaux alliés du roi éludèrent l'exécution de leurs promesses. Cette société démoralisée (s'il faut en croire Jacques d'Aragon) crut avoir suffisamment payé au souverain sa dette de reconnaissance en lui livrant l'honneur de ses propres familles. Elle refusa de lui livrer en outre ses châteaux. En sorte que, vers 1213, Pierre II, brouillé avec Montfort et trompé par les seigneurs gascons, se trouva déçu dans ses projets politiques à l'encontre des deux partis.

C'est alors qu'il vint, à la tête d'une armée, évidemment pour prendre par la force ce qu'on lui avait fait espérer par une équivoque. Ses dispositions envers ses trop habiles alliés ne pouvaient donc pas être empreintes d'une grande confiance.

Par le même motif, la noblesse gasconne dut commencer à redouter les Espagnols plus encore que les Français. Montfort, enfermé dans Muret avec une poignée d'hommes, semblait alors moins dangereux pour l'indépendance locale que Pierre II à la tête de ses mille chevaliers. Le petit peuple de langue d'oc, fort maltraité par les mercenaires qu'entretenaient ses seigneurs, pouvait aspirer à la domination espagnole comme à une délivrance ; mais la noblesse locale, sous la faible suzeraineté de Raymond VI, jouissait d'une liberté presque absolue. Elle ne pouvait donc pas désirer de l'échanger contre l'autorité de Pierre II, fort impatiemment supportée par la noblesse aragonaise. Aussi verrons-nous (chap. ıv) qu'à Muret, nos Gascons ne se piquèrent pas du moindre dévouement. A l'exception du comte de Foix, qui était frère d'armes du roi d'Aragon, la chevalerie de langue d'oc, restée à l'arrière-garde, finit par abandonner le terrain, sans avoir tiré l'épée. Elle jugea sans doute habile de laisser Espagnols et Français se détruire à l'envi, et de se réserver pour défendre sa propre indépendance.

Quant au comte de Toulouse, outre que ses intérêts étaient les mêmes que ceux de ses vassaux, il ne pouvait pas avoir oublié les projets que Montfort et Pierre II avaient autrefois fondés sur sa ruine. Si, jusqu'à la dernière heure, Montfort et les prélats espérèrent de se réconcilier avec Pierre II, jusqu'au dernier moment, Raymond VI dut craindre un revirement de son allié. Nous retrouvons des traces de ses ressentiments et de ses défiances dans le langage de son chapelain, qui écrivait, après le récit de la défaite de Muret : « Ecce quid superbia, *quid voluptas!* Regi qui semper contra » Sarracenos fortunatus fuerat, in Christianorum prælio » mœruerunt : quem nunc à concepta stultitia amor filii » retrahebat, quem, *propter fœdus initum inter eos* obsidem » dederat hosti suo, qui eum extinguere poterat, si voluis- » set, *in rupti fœderis ultionem.* » (G. de Puy-Laurens, p. 209 C, D).

On voit par cet ensemble de faits que, le jour de la bataille de Muret, l'armée vasco-aragonaise , malgré sa force apparente, contenait plus d'un élément de division et de faiblesse.

TABLE

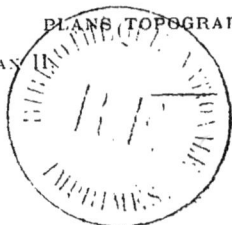

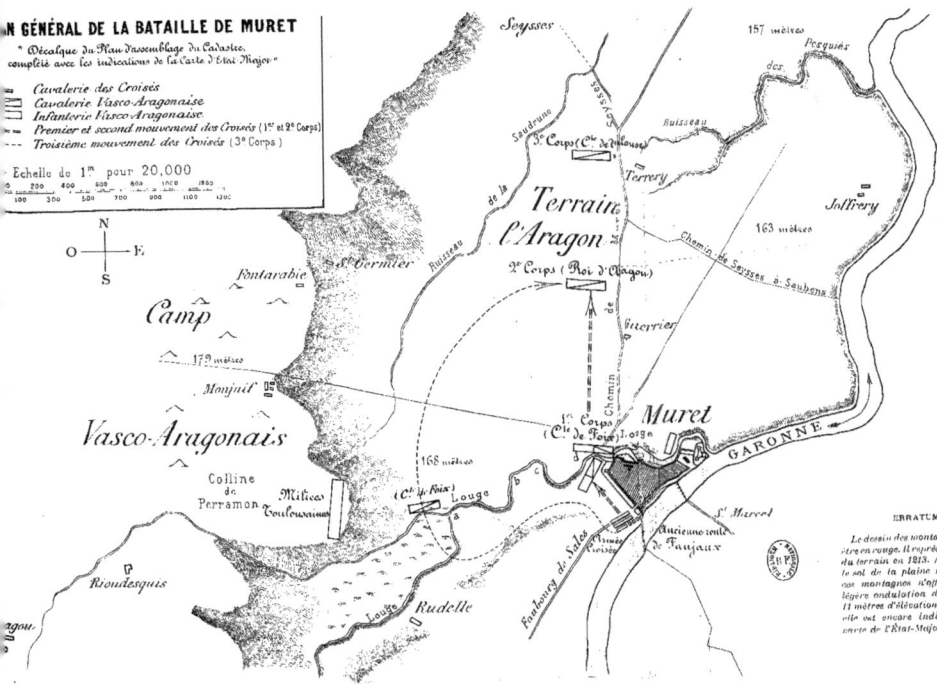

Seysses

157 mètres

Posguiès

des

Saudrune

Ruisseau

3e Corps (Cte de Foulouse)

Terrery

Joffrery

Terrain
l'Aragon

163 mètres

de la

Ruisseau

St Germier

2e Corps (Roi d'Aragon)

Chemin de Seysses à Sauhens

Fontarabie

Camp

de

Guerrier

179 mètres

Monjuif

Chemin

1er Corps
(Cte de Foix)

Muret

Longe

GARONNE

Vasco-Aragonais

Colline
de
Perramon

Milices
Toulousains

168 mètres

(Cte de Foix)

Longe

a

b   c

St Marcel

Rioudesques

Longe

Rudelle

Faubourg de Sales

Ancienne route
de Toujaux

Ancienne route
Toulouse

St Marcel

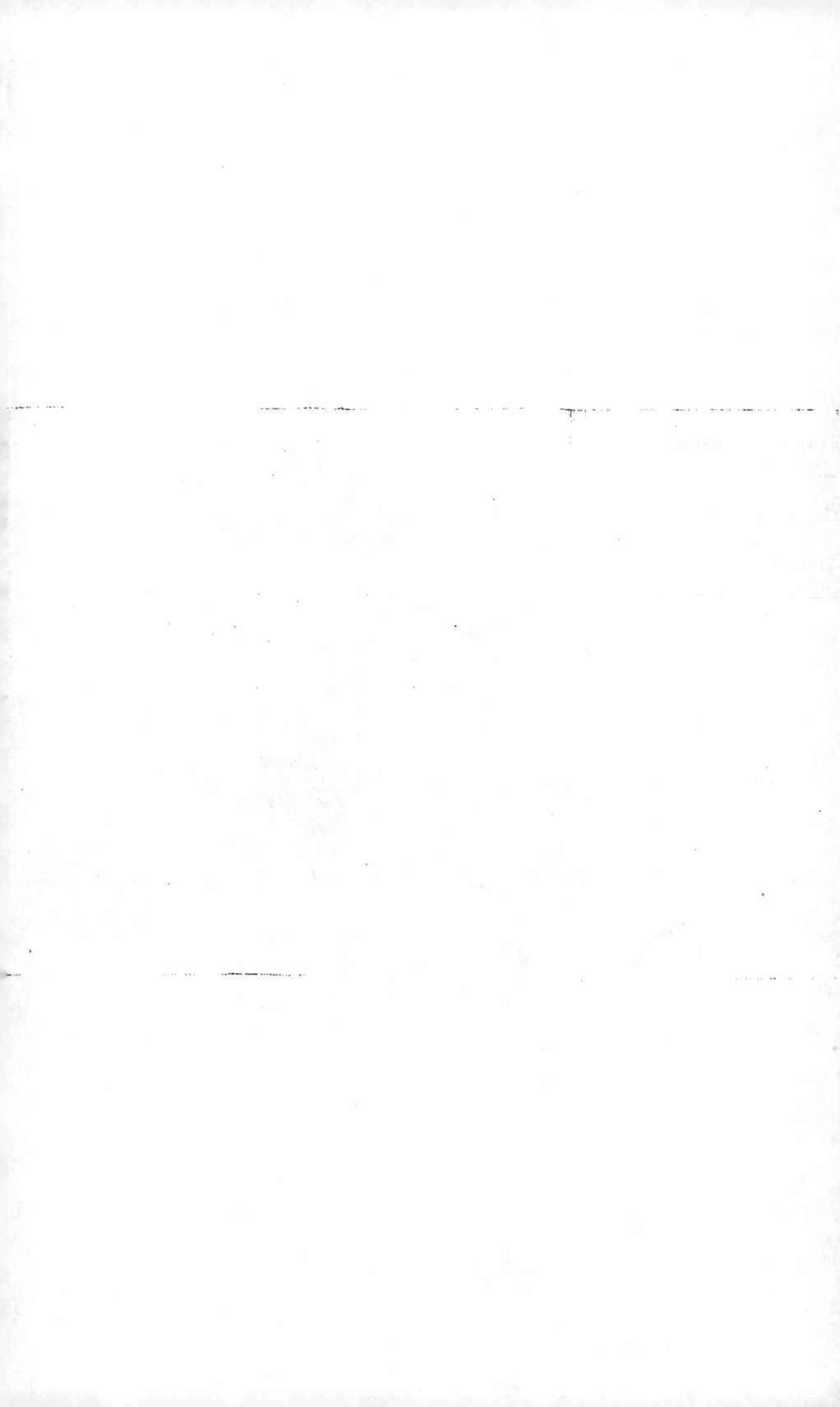

II. PLAN DE MURET au 13ème siècle et au 19ème

(D'après une réduction du plan cadastral)

1 Porte de Tholose
2 Rue de Louge
3 Rue Sabatère
4 Restes de la Chapelle du Prieuré St Germier
5 Mercadar
6 Porte de Sales et rue de la Croix
7 Passage extérieur conduisant au Pont de la Garonne.

Les lignes noires représentent l'état actuel des lieux.
Le pointillé rouge indique leur état en 1213.
Les traits rouges reproduisent les parties anciennes qui existent encore

"Ce plan n'est pas une restauration entière de Muret, mais une localisation des points nécessaires à l'intelligence de la bataille"

PREMIER MOUVEMENT DES CROISÉS

Cavalerie Vasco-Aragonaise
Infanterie Vasco-Aragonaise
Cavalerie Croisée
Attaque des deux premiers Corps Croisés

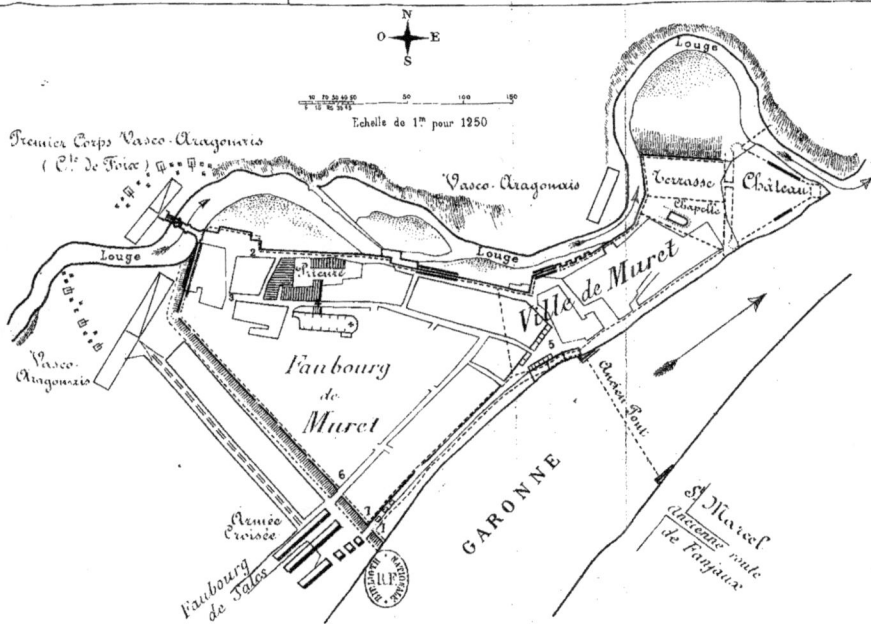

N
O — E
S

Echelle de 1m pour 1250

Premier Corps Vasco-Aragonais
(Cte de Foix)

Vasco-Aragonais

Louge

Louge

Terrasse
Chapelle
Château

Vasco-Aragonais

Prieuré

Ville de Muret

Faubourg de Muret

Ancien Pont

GARONNE

Armée Croisée

Faubourg de Sales

St Marcel
ancienne route de Fanjaux

www.ingramcontent.com/pod-product-compliance
Lightning Source LLC
Chambersburg PA
CBHW072036090426
42733CB00032B/1812